どんどん話せるフランス語

作文トレーニング

栢木利恵

三修社

はじめに

　「フランス語の文法はひと通りやったけど、思うように話せない」「日常の簡単なことが伝えられない」「文の組み立てがなかなかできない」と悩み、「何か効果的なフランス語学習方法はないかな？」と探している方は多いのではないでしょうか。日本にいながら、「今、何してる？」「今日、何した？」をフランス語で言えるようになるための教材が必要だと感じ、本書を書き上げました。

　フランス語が「どんどん」出てくるようになるには、毎日の生活の中にフランス語を取り入れて、言って書いてみることが大切です。本書は、日常のことを語るのに必要な表現・語彙がぎっしり詰まっています。辞書では見つからない表現もフランス語にできるようにしました。Twitter、Facebook などへの投稿や日記を綴るのにも大いに活用できますし、フランス人の友達・恋人とのコミュニケーションにもおすすめです。また、仏検の口頭試験対策として、身近なことをフランス語で言ってみることは、いいトレーニングになると思います。

　本書は、話すためのライティング力をアップさせるために効果的な3ステップ ── ①日常のことを表すのに知っておきたい構文、②今の時代に使いたい語彙、そして、③構文と語彙を用いて簡単な文を組み立てて文章にしていく作文ドリル ── で構成されています。

　Chapter 4 は、最後まで楽しんで学習していただけるように、みなさんの身近に起こりえる日常生活を、ひとりの女子を主人公に連続ドラマ仕立てに綴った練習問題にしました。フランス語を上達させながら、ストーリーの展開もお楽しみください。

　Bon courage !

栢木利恵

本書の使い方

本書は、4つの **Chapter** からなっています。

Chapter 1　ミニ文法

　フランス語で文を作るときに重要なポイントに絞って解説します。必要に応じて参照してください。

Chapter 2　文を作るための道具箱（構文編）

　日常よく使うフランス語の 40 の構文をご紹介します。**Chapter 4** の **Step 1** で必要な構文が多くあります。

Chapter 3　テーマ別単語・フレーズ集（語彙・表現）

　30 の場面別によく使う単語・表現をご紹介します。**Chapter 4** の **Step 2** で使える単語が多くあります。

Chapter 4　文章を作ってみよう（ドリル編）

　まず短い文を作り、文をふくらませて、複数の短い文を組み立てて1つの文章にする練習です。

　文の作り方を身につけられるので、文例集・表現集に出ていない文章も自分で工夫して書けるようになります。

こんな使い方ができます

＊文法をひと通り終えた人は…

　　　Chapter 2　　Chapter 4　　Chapter 1・3

Chapter 2 … 使えそうな構文を見つける
▼
Chapter 4 … 実際に文を組み立てる！
▼
Chapter 1 … 不安なところは文法項目を復習
Chapter 3 … 興味のある分野の語彙・表現を増やす

＊しっかり学びたい人は…

　　　Chapter 1　　Chapter 2　　Chapter 3　　Chapter 4

Chapter 1 … 書くのに必要な文法項目を復習
▼
Chapter 2 … 使える構文を見つける
▼
Chapter 3 … 分野ごとの語彙・表現を増やす
▼
Chapter 4 … 実際に文を組み立てる！

＊自分に足りないポイントを確認したい人は…

　　　Chapter 4　　Chapter 1・2・3

Chapter 4 … まずは文を組み立ててみる
▼
Chapter 1 … 文法　　　　 ┐
Chapter 2 … 構文　　　　 ├ できなかったところを復習
Chapter 3 … 語彙・表現　 ┘

この本の構成

Chapter 1

フランス語で文を作る際に便利な文法項目7つのポイントについて解説しています。「接続法を使うのはどんなときだっけ？」「条件法の活用語尾は何だっけ？」というときに、ぱっと調べることができます。

習ったけど忘れがちな活用、用法、語順などをコンパクトにまとめました。

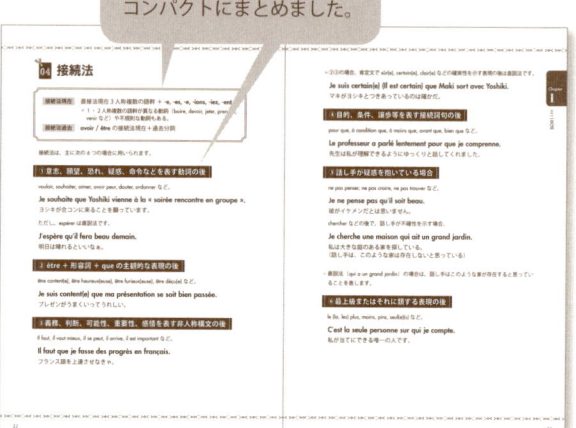

Chapter 2 構文を見つける！

日常のことを書いたり言ったりするときに使える構文を40とりあげます。言いたいことがフランス語で出てこないとき、「なーんだ、そう言うのか」ということが多いもの。自分が言いたいことはどの構文を使えば表せるのか見つけましょう。

便利な構文を40セレクト。

構文を使った文例で使い方がわかる！

ヒントを参考にさっそく構文を使ってみましょう。

Chapter 3 語彙・表現を増やす！

よく使うシーンを30とりあげます。構文だけでなく、テーマごとによく使う単語、表現を増やすことで、表現に磨きをかけましょう。

> よく使うシーンを30セレクト。

> 単語だけでなく、文の中でどう使うのかがわかります。

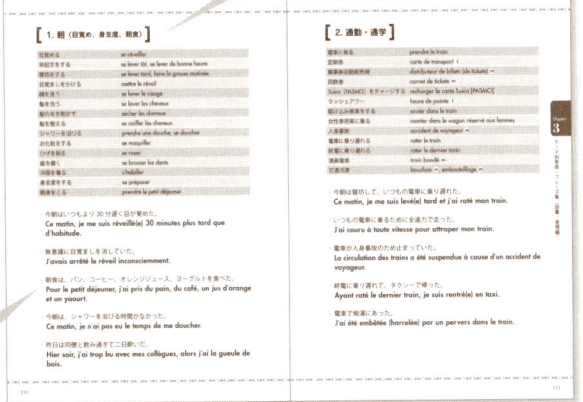

Chapter 4 文章を組み立てる！

Chapter 2 の構文と Chapter 3 の単語・表現を使って、文章を作ってみましょう。まずは短い文から始めて、ヒントを参考に文をふくらませていきます。3つのステップを踏むことで、最後には1つのまとまった文章を作ることができます。ふだんから、伝えたいことを短い文から作り始めることで、今まで言えなかったこともどんどん言えるようになるはずです！

＊この Chapter の書き手は女性の設定です。性の一致に気をつけましょう。
☞次のページで、Chapter 4 のドリルの使い方を解説します。

 まずは簡単な文を作ってみましょう。**Chapter 2** の構文を使っています。**STEP 1** でつまずいたら **Chapter 2** へ戻りましょう。

まずは簡単な文を作ってみましょう。

ヒントはここにあります。答えは次のページにあります。

Step 1 の解答例を確認、次は短文をふくらませてみましょう。これに肉付けしていきます。

これに肉付けしていきます。

ヒントはここにあります。答えは次のページにあります。

STEP 3

Step 2 の解答例を確認。最後に、**Step 2** で作った文をつなげて１つの文章にしてみましょう。

1. 朝 STEP2 解答例

1. Hier soir, il y a eu une « soirée rencontre en groupe » et je suis rentrée après minuit.
2. J'ai trop bu avec mes amis alors j'avais la gueule de bois.
3. J'ai complètement oublié de mettre mon réveil.
4. Ce matin, je me suis réveillée 30 minutes plus tard que d'habitude.
5. Je n'avais pas d'appétit, donc j'ai pris seulement un café.

STEP 1 STEP 2 STEP 3

文をつなげて１つにしてみましょう。

昨晩は、合コンがありました。とても素晴らしい夕べで、すごく楽しかったけれど、飲み過ぎてしまいました。帰宅したのは 12 時過ぎでした。すごく酔っぱらっていたので、目覚しをかけるのをすっかり忘れてしまいました。それで、今朝はいつもより 30 分遅く起きてしまいました。二日酔いであまり食欲がなかったのでコーヒーだけにしました。

解答欄

ヒント

～を過ごす passer
夕べ soirée f
素晴らしい agréable
楽しむ s'amuser
すごく～なので…だ tellement ～ que ...
酔っぱらった ivre
～するのを忘れる oublier de + 不定詞（大過去）
あまり tellement

STEP3 解答例は 202 ページ

Chapter 4 文章を作ってみよう（ドリル編）

147

短い文をつなげて
１つの文章にします。

解答例は巻末に
あります。

本書の約束事

・名詞の性は m ＝男性名詞、 f ＝女性名詞で表しています。複数形は pl です。職業名などの性は表示していません。

・形容詞や名詞の女性形は、語末に (e) などと括弧に入れています。

・**Chapter 4** の作文ドリルで、関係代名詞や代名詞を使うことが求められる場合は、「ヒント」欄に「(それを) を代名詞で」などと指定しています。

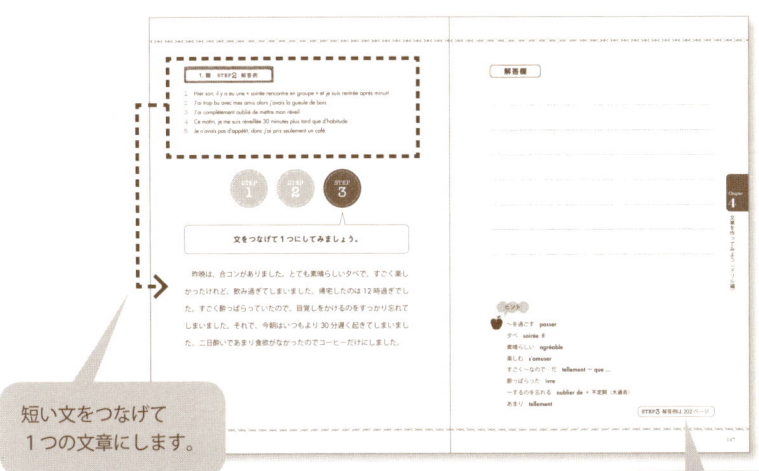

CONTENTS

本書の使い方 … 4

Chapter 1 ミニ文法

- 01 過去 … 16
- 02 未来 … 19
- 03 条件法 … 20
- 04 接続法 … 22
- 05 ジェロンディフ … 24
- 06 代名詞 … 25
- 07 関係代名詞 … 26

Chapter 2 文を作るための道具箱（構文編）

- 01 〜がいた、あった（行われた） … 28
- 02 〜な日だった、〜して過ごした … 30
- 03 〜した、〜したことがある … 32
- 04 〜を始める、〜し始める … 34
- 05 〜を終える、〜が終わる … 36
- 06 〜へ行く、〜しに行く … 38
- 07 〜が来る … 40
- 08 〜だと思う、〜だろうと考える … 42
- 09 〜かなぁ、〜だろうか … 44
- 10 〜しようと思っている、〜するつもりだ … 46
- 11 〜したいなぁ、〜だといいなぁ … 48
- 12 〜が好き、気に入っている … 50
- 13 〜は嫌だ、〜したくない、〜は困るなぁ … 52
- 14 〜しなくてはいけない、〜が必要だ … 54

15	〜に違いない、〜のはずだ	56
16	〜がかかる、〜をかける	58
17	〜することができる	60
18	〜が得意だ、〜に強い／〜が苦手だ、〜に弱い	62
19	〜を知っている	64
20	〜すれば（しなきゃ）よかった	66
21	〜しているところ、〜するところだった	68
22	〜すべき…がある	70
23	〜に見える、〜に思える、〜そうだ	72
24	あまりに〜なので…、とても〜なので…	74
25	〜なのは…だ	76
26	〜して…になる、〜から…してない	78
27	〜してもらう、〜される	80
28	〜なので、〜のため	82
29	〜してうれしい	84
30	〜が楽しみだ、〜したくてたまらない	86
31	〜に驚く、びっくりした	88
32	〜に感動した	90
33	〜が恋しい、寂しい、悲しい	92
34	〜してほっとする	94
35	〜にドキドキする、緊張している	96
36	〜はすごいと思う	98
37	〜がうらやましい	100
38	〜にはがっかりだ	102
39	〜は残念だ	104
40	〜が怖い、〜を恐れる、心配する	106

コラム① 　avoir を使ったさまざまな表現 …… 108

Chapter 3 テーマ別単語・フレーズ集（語彙・表現編）

- 01 朝（目覚め、身支度、朝食） ……………………… 110
- 02 通勤・通学 ………………………………………… 111
- 03 仕事・職場 ………………………………………… 112
- 04 学校 ………………………………………………… 113
- 05 家事 ………………………………………………… 114
- 06 食事 ………………………………………………… 115
- 07 味 …………………………………………………… 116
- 08 睡眠 ………………………………………………… 117
- 09 外出 ………………………………………………… 118
- 10 ショッピング ……………………………………… 119
- 11 商品の値段 ………………………………………… 120
- 12 ファッション ……………………………………… 121
- 13 商品 ………………………………………………… 122
- 14 鑑賞 ………………………………………………… 123
- 15 映画 ………………………………………………… 124
- 16 銀行 ………………………………………………… 125
- 17 郵便・宅配便 ……………………………………… 126
- 18 天気 ………………………………………………… 127
- 19 スポーツ …………………………………………… 128
- 20 美容 ………………………………………………… 129
- 21 健康・医療 ………………………………………… 130
- 22 習い事・趣味 ……………………………………… 131
- 23 旅行 ………………………………………………… 132
- 24 ニュース・出来事 ………………………………… 133
- 25 パソコン・携帯電話 ……………………………… 134
- 26 ネット ……………………………………………… 135

27	年中行事（1～6月）	136
28	年中行事（7～12月）	137
29	家族	138
30	友達・恋	139

コラム② 外見、性格を表す être / avoir l'air ＋ 形容詞 140

Chapter 4 文章を作ってみよう（ドリル編）

01	朝	142
02	出勤	148
03	会社で	154
04	ランチ	160
05	休暇をとる	166
06	仕事帰り	172
07	帰宅後	178
08	土曜日の朝	184
09	待ち合わせ	190
10	デート	196
	STEP3 解答例	202

Chapter 1

ミニ文法

過去

複合過去	avoir / être の現在形 ＋ 過去分詞
半過去	直説法現在 nous の活用形から作る。
	＊-ons をとって、-ais, -ais, -ait, -ions, -iez, -aient をつける。
	（例外 être → j'étais）
大過去	avoir / être の半過去 ＋ 過去分詞
近接過去	venir de ＋ 不定詞

半過去　　　　　　　複合過去　　　　　　　　　　現在

Avant, je sortais avec Jean.　　　　　**Maintenant, je sors avec Paul.**
以前はジャンとつきあっていた。　　　　　今はポールとつきあっている。

En mars 2015, j'ai rencontré Paul.
2015年3月にポールと出会った。

大過去　　　　　　　近接過去

En 2010, j'avais rencontré Jean.　　**Je viens de quitter Jean.**
2010年にジャンと出会った。　　　　　　ジャンと別れたばかり。

複合過去

過去においてすでに完了している1点の事柄。「〜した」「もう〜している」「〜したことがある」など。

Hier, je suis allé(e) à Shibuya et j'ai dîné dans un restaurant français.
昨日、渋谷へ行きました。そして、フレンチレストランで夕食をとりました。

半過去

過去において継続された動作、状態の描写や習慣。「そのとき〜していた」「〜だった」など。

Le jour de la sortie du dernier modèle d'iPhone, il y avait la queue devant Apple Store.

新型 iPhone の発売日にアップルストアの前に行列ができていた。

大過去

過去のある時点を基準に、それ以前に完了している事柄。

Quand je suis arrivé(e) au bureau, la réunion avait déjà commencé.
オフィスに着いたときには、会議はすでに始まっていた。

近接過去

「〜したところ」と近い過去を表す。

Je viens de rentrer à la maison.
私はいま家に帰ってきたばかりです。

複合時制で助動詞に être をとる動詞

　aller, venir, entrer, sortir, partir, arriver, naître, mourir, monter, descendre, rester, rentrer, revenir, devenir, passer
など一部の自動詞と代名動詞。

複合時制の過去分詞の一致

A　être を助動詞にとる場合は、主語の性・数に一致。

Elle est née à Paris.　　　　**Ils se sont embrassés.**
彼女はパリで生まれた。　　　　彼らは口づけを交わした。

　代名動詞は基本的には être をとるので主語の性・数に一致しますが、代名詞が直接目的語の働きをしていない場合には一致しません。

Ils se sont téléphoné.　　　　**Elle s'est lavé les mains.**
彼らは電話をした。　　　　　　彼女は手を洗った。

B　avoir を助動詞にとる場合、直接目的語が avoir の前に置かれるときには、目的語の性・数に一致。

Tu as ciré tes chaussures ? - Oui, je les ai cirées.
「靴を磨いた？」「うん、それを磨いたよ」

複合過去と半過去の使い分け

複合過去はすでに完了をしている 1 点を表し、半過去は過去における継続や習慣、過去の状態の描写などを表します。

Je faisais mes courses au supermarché quand j'ai rencontré Paul.
スーパーで買い物をしている最中に、ポールに会いました。

Normalement, je partais au bureau à 8 heures. Une fois, exceptionnellement, je suis parti(e) à 7 heures.
通常、会社へ行くのに家を 8 時に出ていました。例外的に 1 度だけ、7 時に出ました。

次のように、限定された時を示す場合は複合過去を、始まりと終わりがはっきりしない漠然とした時を示す場合は半過去を用います。

De 1980 à 1990 (Pendant 10 ans), j'ai fait du sport.
1980 年から 1990 年まで（10 年間）スポーツをしていました。

Avant (Quand j'étais jeune), je faisais du sport.
以前は（若い頃は）スポーツをしていたものです。

未来

近接未来	aller + 不定詞
単純未来	不定詞 + avoir の現在形活用語尾（-ai, -as, -a, -ons, -ez, ont）
前未来	avoir / être の単純未来 + 過去分詞

近接未来

近い未来（単純未来に比べると確実な予定）。「これから〜する」「〜しようとする」など。

Ce soir, je vais téléphoner à Paul.
今晩、ポールに電話します。

単純未来

未来に起こりえることや予定（近接未来に比べると確実性が少ないニュアンス）、2人称で命令形の緩和。

Ce soir, je téléphonerai à Paul.
今晩、ポールに電話するつもりです。

Vous enverrez ce dossier avant la réunion.
会議前にこの書類を送ってください。

前未来

未来のある時点を基準に、それ以前に完了しているはずの事柄。

J'irai en France, quand j'aurai terminé mes études.
私は学業を終えたら、フランスに行きます。

03 条件法

| 条件法現在 | 単純未来の語幹 ＋ 半過去の語尾（-ais, -ais, -ait, -ions, -iez, -aient） |
| 条件法過去 | avoir / être の条件法 ＋ 過去分詞 |

条件法には主に次の４つの用法があります。

①非現実的な仮定

「もし〜だったら…なのに」。

Si j'avais le temps, je viendrais vous voir.
　　↑　　　　　　　　　↑
直説法半過去　　＋　　条件法現在
時間があれば、あなたに会いに行くのになぁ。

実現可能な仮定は、**si ＋ 直説法現在 ＋ 単純未来**。

Si j'ai le temps, je viendrai vous voir.
時間があれば、あなたに会いに行きます。

過去の事実に反する仮定は、**直説法大過去 ＋ 条件法過去**。

Si j'avais eu le temps hier, je serais venu(e) vous voir.
昨日、時間があったのなら、あなたに会いに行ったのになぁ。

②語気緩和 （丁寧でやわらかい欲求や依頼、助言や提案）

「〜したいなぁ」「〜したいんだけど」「〜をするべきですよ」など。

Je voudrais acheter un portefeuille.
お財布を買いたいなぁ。

Tu ne devrais pas manger trop de chocolat.
そんなにチョコレートを食べ過ぎないほうがいいよ。

③後悔・非難 （過去の実現しなかった事柄の後悔・非難）

「〜すればよかった」「〜するべきだった」「〜できただろうに」など、vouloir, aimer, devoir, pouvoir などとともに条件法過去で表します。

J'aurais dû me faire vacciner contre la grippe.
インフルエンザの予防接種をすべきだった。

Tu aurais pu me téléphoner !
私に電話できたんじゃない！

④推測・疑惑 （事実であるかどうか確かでない事柄）

主に、報道で断定を避けるときに使われます。

Le président devrait se rendre au Japon.
大統領は来日するもようです。（まだ正式発表ではない）

L'accident d'avion aurait fait cent victimes.
この飛行機事故で100人の犠牲者が出たもようです。（犠牲者の数は確認されてない）

 接続法

接続法現在	直接法現在 3 人称複数の語幹 ＋ -e, -es, -e, -ions, -iez, -ent
	＊ 1・2 人称複数の語幹が異なる動詞（boire, devoir, jeter, prendre, venir など）や不規則な動詞もある。
接続法過去	avoir / être の接続法現在＋過去分詞

接続法は、主に次の 6 つの場合に用いられます。

①意志、願望、恐れ、疑惑、命令などを表す動詞の後

vouloir, souhaiter, aimer, avoir peur, douter, ordonner など。

Je souhaite que Yoshiki vienne à la « soirée rencontre en groupe ».
ヨシキが合コンに来ることを願っています。

ただし、espérer は直説法です。

J'espère qu'il fera beau demain.
明日は晴れるといいなぁ。

② être ＋ 形容詞 ＋ que の主観的な表現の後

être content(e), être heureux(euse), être furieux(euse), être déçu(e) など。

Je suis content(e) que ma présentation se soit bien passée.
プレゼンがうまくいってうれしい。

③義務、判断、可能性、重要性、感情を表す非人称構文の後

Il faut, il vaut mieux, il se peut, il arrive, il est important など。

Il faut que je fasse des progrès en français.
フランス語を上達させなきゃ。

＊②③の場合、肯定文で sûr(e), certain(e), clair(e) などの確実性を示す表現の後は直説法です。

Je suis certain(e) (Il est certain) que Maki sort avec Yoshiki.
マキがヨシキとつきあっているのは確かだ。

④目的、条件、譲歩等を表す接続詞句の後

pour que, à condition que, à moins que, avant que, bien que など。

Le professeur a parlé lentement pour que je comprenne.
先生は私が理解できるようにゆっくりと話してくれました。

⑤話し手が疑惑を抱いている場合

ne pas penser, ne pas croire, ne pas trouver など。

Je ne pense pas qu'il soit beau.
彼がイケメンだとは思いません。

chercher などの後で、話し手が不確性を示す場合。

Je cherche une maison qui ait un grand jardin.
私は大きな庭のある家を探している。
（話し手は、このような家は存在しないと思っている）

＊直説法（qui a un grand jardin）の場合は、話し手はこのような家が存在すると思っていることを表します。

⑥最上級またはそれに類する表現の後

le (la, les) plus, moins, pire, seul(e)(s) など。

C'est la seule personne sur qui je compte.
私が当てにできる唯一の人です。

05 ジェロンディフ

> **en ＋ 現在分詞（直説法現在の 1 人称複数 nous の語幹 ＋ -ant）**
> ※例外：être → étant, avoir → ayant, savoir → sachant

「～しながら」のほかにも多くの用法があります。

①同時性・時 （～しながら、～したとき）

Je dîne en écoutant de la musique.
音楽を聞きながら、夕食を食べます。

J'ai vu Sophie en descendant l'escalier.
階段を降りるときに、ソフィーに会った。

②条件・手段 （～すれば）

En partant tôt, j'arriverai à l'heure.
早く出発すれば、時間に間に合うでしょう。

③原因・理由 （～したので）

Je me suis fracturé la jambe en tombant.
転んで、足を骨折しました。

④方法 （～して）

J'apprends le français en consultant le site France-jp.net.
フランスネットのサイトを見ながら、フランス語を学んでいます。

⑤対立・譲歩 （たとえ～しても）

Tout en faisant un régime, je ne maigris pas.
ダイエットをしても、私はやせません。

06 代名詞

代名詞は、同じ言葉の繰り返しを避けるために使います。肯定命令以外では、動詞の前に置きます。

	je	tu	il	elle	nous	vous	ils	elles
主語	je	tu	il	elle	nous	vous	ils	elles
直接目的語（〜を）	me (m')	te (t')	le (l')	la (l')	nous	vous	les	les
間接目的語（〜に）（à + 人）	me (m')	te (t')	lui	lui	nous	vous	leur	leur
強勢形	moi	toi	lui	elle	nous	vous	eux	elles

直接目的をとるか間接目的をとるか、日本語と異なる動詞がありますので注意しましょう。

Je la remercie. (× lui)
彼女にお礼を言う。

en	y	le
de + 物や事柄 限定されてない直接目的語 （数量は動詞の後に残る）	**à + 物や事柄** 前置詞（de を除く）+場所	**属詞** 文全体・節など

語順

2つの人称代名詞を使う場合の語順は下記のようになります（肯定命令文を除く）。

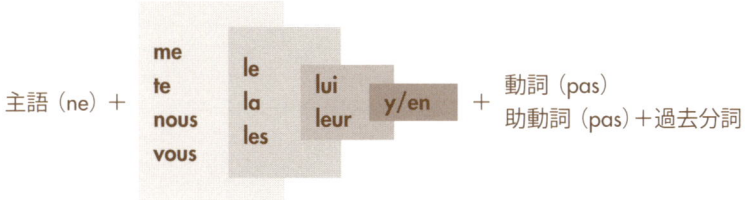

※人称代名詞とともに中性代名詞を用いる場合は、y, en が後になります。

# 関係代名詞

関係代名詞は、いくつかの文を同じ言葉を繰り返さずに1つにまとめるために用います。

> qui（主語）　　　　que（直接目的語）
> dont（de を伴う補語）　où（場所・時）
> ＊先行詞は人・物の区別はありません。

先行詞（主語）+ qui

Le film qui passe au Gaumont est excellent.
(Un film passe au Gaumont. Il est excellent.)
ゴモン映画館で上映されている映画は素晴らしいです。

先行詞（直接目的語）+ que

La femme que tu regardes est ma copine.
(Tu regardes une femme. Elle est ma copine.)
君が見ている女性は、私の彼女です。

先行詞（前置詞 de を伴う動詞や名詞、形容詞の補語）+ dont

Je travaille avec une femme dont le mari est avocat.
(Je travaille avec une femme. Le mari de cette femme est avocat.)
私は旦那が弁護士の女性と仕事をしています。

先行詞（場所・時の補語）+ où

C'est un restaurant où je vais très souvent.
(C'est un restaurant. J'y vais très souvent.)
私がよく行くレストランです。

Je me souviens de l'époque où je vivais en France.
(Je me souviens de l'époque. Je vivais en France à cette époque-là.)
フランスで暮らしていた時代を思い出します。

Chapter 2
文を作るための道具箱
［構文編］

〜がいた、あった（行われた）

> Il y a ＋ 事物・人　　〜がある、いる
> 事柄 ＋ avoir lieu　　〜がある（行われる、起きる）

「〜がある、いる」は、il y a ＋ 名詞で表現します。〜 avoir lieu は、「行われる、起きる＝〜がある」という意味で使われます。

過去のことを語る場合、**状態・描写・継続を表すときは半過去**、すでに完了している**1点の事柄を表すときは複合過去**を使います。語り手のとらえ方により、どちらでも可能な場合もあります。（☞複合過去と半過去の使い分け 18 ページ）

✦✦✦✦✦

・昨日、合コンがあった。
　Hier, il y a eu une « soirée rencontre en groupe ».

・このお店にかわいい物がたくさんあった。
　Il y avait plein de choses mignonnes dans ce magasin.

・新型 iPhone の発売日には、アップルストアの前に行列ができていた。
　Le jour de la sortie du dernier modèle d'iPhone, il y avait la queue devant Apple Store.

・東京オリンピックは 2020 年に行われる。
　Les Jeux Olympiques à Tokyo auront lieu en 2020.

・今度の金曜日に女子会がある。
　La « soirée entre filles » aura lieu vendredi prochain.

さっそく、フランス語で伝えてみましょう！

1 渋谷にはたくさんの人がいた。
　　（ il y a ／ gens m pl ）

2 映画館は混んでいなかった。
　　（ il y a ／ monde m ）

3 昨日は幸子の誕生パーティーがあった。
　　（ il y a ／ la fête d'anniversaire ）

4 今朝、JR山手線で人身事故があった。
　　（ accident de voyageur m ／ avoir lieu ／ sur ）

5 入社試験は来月に行われる。
　　（ le concours d'entrée en entreprise ／ avoir lieu ）

 解答

1. Il y avait beaucoup de gens à Shibuya.
2. Il n'y avait pas beaucoup de monde au cinéma.
3. Hier, il y a eu la fête d'anniversaire de Sachiko.
4. Un accident de voyageur a eu lieu ce matin sur la ligne JR Yamanote.
5. Le concours d'entrée en entreprise aura lieu le mois prochain.

～な日だった、～して過ごした

> C'était … / Ça a été …　～な日だった
> J'ai passé …　～を過ごした
> J'ai passé ＋ 時 ＋ à ＋ 不定詞　～して過ごした

「～な日だった」と言いたい場合、**une journée** にさまざまな形容詞をつけて表現します。複合過去・半過去、どちらでも可能な場合もありますが、基本的には、どんな日だったのかを**描写・状況説明**をするなら**半過去**を用い、**過去の完了している１つの事実として語る**なら**複合過去**を使います。(☞複合過去と半過去の使い分け 18 ページ)

◆◆◆◆◆

半過去を使って「～な日だったなぁ」と１日を振り返ってみましょう。

・とてもいい日（楽しい日）だった。
　C'était une très bonne journée (une journée divertissante).

・疲れる１日（すごくきつい１日）だった。
　C'était une journée fatigante (une journée très dure).

「～して過ごした」「～な日を過ごした」は、過去の１つの完了している事柄ですので、複合過去（**J'ai passé ～**）を使って表現します。

・とてもいい日を過ごした。
　J'ai passé une bonne journée.

・１日中会議だった。
　J'ai passé la journée en réunion.

・スカイプで１時間チャットをした。
　J'ai passé une heure à tchatter sur Skype.

- 私はジャニーズの大ファン。週末はずっと追っかけをしていた。
  Je suis une grande fan de Johnny's, j'ai passé tout le week-end à les suivre.

さっそく、フランス語で伝えてみましょう！

1. すごく特別な日だった。
   （　spécial(e)　）

2. 最悪な日だった。
   （　horrible　）

3. 私たちの結婚記念日だった。
   （　anniversaire m　/　mariage m　）

4. 午前中は家事をして過ごした。
   （　matinée f　/　faire le ménage　）

5. 午後はずっとお菓子作りをした。
   （　après-midi m　/　gâteau m　）

 解答

1. C'était une journée très spéciale.
2. C'était une journée horrible.
3. C'était l'anniversaire de notre mariage.
4. J'ai passé la matinée à faire le ménage.
5. J'ai passé tout l'après-midi à faire un gâteau.

03 〜した、〜したことがある

「〜した」「〜したことがある」「もう〜している」と過去の時点で完了した1点の事柄・行為を表すには、複合過去を使います。（☞複合過去16ページ）

- 仕事の後、フランス語のレッスンに行った。
 Je suis allé(e) au cours de français après le travail.

- 美容院の予約日を変更した。
 J'ai changé la date de rendez-vous chez le coiffeur.

経験「〜したことがある」は、しばしば次のような語句を伴います。

pour la première fois	初めて			
〜 fois	〜回、〜度			
déjà	すでに	≠	ne … pas encore	まだ〜してない
		≠	ne … jamais	〜したことがない
avant	以前、前に			
il y a	〜前に			

- 初めてジェットコースターに乗った。
 Je suis monté(e) dans les montagnes russes pour la première fois.

- ディズニーランド・パリに2回行ったことがある。
 Je suis allé(e) deux fois à Disneyland Paris.

- ふぐを食べたことがない。
 Je n'ai jamais goûté le Fugu.

- ダニー・ブーン？　フランス映画祭で1度見たことがあるよ。
 Dany Boon ? Je l'ai vu une fois au Festival du film français.

・今月のお給料をまだもらっていない。
Je n'ai pas encore reçu le salaire de ce mois.

さっそく、フランス語で伝えてみましょう！

1. 初めてエッフェル塔にのぼった。
   （　monter sur　／　la tour Eiffel　）

2. もうパリに３回行ったことがある。
   （　aller　）

3. 高速道路で運転したことが１度もない。
   （　conduire　／　autoroute f　）

4. １度だけパチンコをやったことがあるよ。
   （　jouer à　／　seul(e)　／　Pachinko m　）

5. この映画はまだ見てない。
   （　voir　）

解答

1. Je suis monté(e) sur la tour Eiffel pour la première fois.
2. Je suis déjà allé(e) trois fois à Paris.
3. Je n'ai jamais conduit sur l'autoroute.
4. J'ai joué une seule fois au « Pachinko ».
5. Je n'ai pas encore vu ce film.

～を始める、～し始める

> commencer ＋ 名詞　～を始める
> se mettre à ＋ 名詞
> commencer à ＋ 不定詞　～し始める
> se mettre à ＋ 不定詞

「～を始める」は **commencer** がもっとも一般的です。**se mettre à** もほぼ同じ意味ですが、se mettre au travail（仕事にとりかかる）など、主に「～にとりかかる、行動を始める」というニュアンスで用いられることが多いようです。

❖❖❖❖❖

・パリで新生活をスタートさせる。
　Je commence une nouvelle vie à Paris.

・ヨシキとつきあい始めた。
　J'ai commencé à sortir avec Yoshiki.

・1日はメールチェックから始めます。
　Je commence ma journée en ouvrant mes mails.

・ダイエットを始めた。
　Je me suis mis(e) au régime.

・彼はとても若いときからタバコを吸い始めた。
　Il s'est mis à fumer très jeune.

commencer は、自動詞として「始まる」という意味でも使えます。

・梅雨の季節が始まったので、除湿剤をあっちこっちに置かなきゃ。
　La saison des pluies a commencé. Il faudra installer des absorbeurs d'humidité partout dans la maison.

さっそく、フランス語で伝えてみましょう！

1. 明日、新しい仕事を始める。
   （　近接未来　）

2. 2年前にフランス語を勉強し始めた。
   （　apprendre　/　il y a　）

3. スマートフォンを使い始めた。
   （　utiliser　/　smartphone m　）

4. 雨が降り始めた。
   （　se mettre　/　pleuvoir　）

5. 笑い始めた。
   （　se mettre　/　rire　）

解答

1. Demain, je vais commencer un nouveau travail.
2. J'ai commencé à apprendre le français, il y a 2 ans.
3. J'ai commencé à utiliser le smartphone.
4. Il s'est mis à pleuvoir.
5. Je me suis mis(e) à rire.

05 〜を終える、〜が終わる

> finir ＋ 名詞
> terminer ＋ 名詞
> finir de ＋ 不定詞

「〜を終える」には finir や terminer などの動詞を使います。finir が最も一般的です。finir と terminer の差は微妙ですが、例えば、finir un article はどちらかというと「記事を読み終える」、terminer un article は「記事を書き終える」という意味で用いられる場合が多いようです。

◆◆◆◆◆

- 夕食を9時に終えた。
  J'ai fini le dîner à 9 heures.

- 部屋をまだ片づけていません。
  Je n'ai pas encore fini de ranger ma chambre.

- 学業を終えたら、フランスに行きます。
  J'irai en France, quand j'aurai terminé mes études.

finir は「終わる」という意味の自動詞でも使われます。

- 梅雨の季節がようやく終わった。
  La saison des pluies est enfin finie.

- 映画は20時に終わる。
  Le film finit à 20 heures.

- ポールが浮気した。彼とはもう終わりよ！
  Paul m'a trompée. C'est fini avec lui !

さっそく、フランス語で伝えてみましょう！

1. 洗濯を済ませた。
   (finir / lessive f)

2. 1人でワイン1本を空けちゃった。
   (finir / tout(e) seul(e))

3. バカンスはもうじき終わりだ。
   (finir の近接未来 / bientôt)

4. 仕事が終わったら、すぐにスポーツクラブへ行く。
   (dès que / terminer の前未来 / club de sport m)

5. ハッピーエンドな映画が好きだ。
   (finir bien)

解答

1. J'ai fini la lessive.
2. J'ai fini une bouteille de vin tout(e) seul(e).
3. Les vacances vont bientôt finir.
4. Dès que j'aurai terminé le travail, j'irai au club de sport.
5. J'aime les films qui finissent bien.

06 〜へ行く、〜しに行く

> aller + 前置詞　〜へ行く
> aller + 不定詞　〜しに行く
> venir　（相手のところへ）行く

行き先によって前置詞が異なりますので気をつけましょう。
- aller au bureau　会社に行く（男性名詞）
- aller à la gare　駅に行く（女性名詞）
- aller à l'école　学校に行く（母音または無声のhで始まる名詞）
- aller aux toilettes　トイレに行く（複数名詞）
- aller en ville　街に行く
- aller à Paris　パリに行く（都市名）
- aller au Japon　日本に行く（男性名詞単数の国名）
- aller en France　フランスに行く（女性名詞単数または母音で始まる単数男性名詞の国名）
- aller aux États-Unis　アメリカに行く（複数名詞の国名）
- aller en Europe　ヨーロッパに行く（大陸名）
- aller en Bretagne　ブルターニュ地方へ行く（地方名）
- aller chez des amis　友達の家に行く

「○○屋さんに行く」は、**à la + 店名**または、**chez + 商人名**です。
aller à la boulangerie / chez le boulanger　パン屋へ行く

「〜しに行く」は、**aller + 不定詞**で表します。

- 買い物しに行く。
  Je vais faire des courses.

- マキを駅まで迎えに行く。
  Je vais chercher Maki à la gare.

「相手が今いるところ」や「相手が行くところ」へ話し手が行く場合は、venir を用います。

- 今晩、君の家に 18 時に行くよ。それから映画に一緒に行こう。
  Je viens chez toi ce soir à 18 heures, et puis on va au cinéma ensemble.

さっそく、フランス語で伝えてみましょう！

1. 今朝、お金を下ろしに銀行へ行った。
   （ retirer ）

2. 明日、仕事で大阪へ行く。
   （ 近接未来 ／ pour le travail ）

3. 毎週金曜日は、フランス語のレッスンに行く。
   （ le vendredi ／ cours m ）

4. 100円ショップへ行った。
   （ magasin à 100 yens m ）

5. 初めてネイルサロンへ行った。
   （ salon de manucure m ）

解答

1. Ce matin, je suis allé(e) retirer de l'argent à la banque.
2. Demain, je vais aller à Osaka pour le travail.
3. Le vendredi, je vais au cours de français.
4. Je suis allé(e) au « magasin à 100 yens ».
5. Je suis allé(e) au salon de manucure pour la première fois.

Chapter 2 — 文を作るための道具箱（構文編）

07 〜が来る

> venir
> 　venir de 〜　〜から来た（出身・由来）
> 　venir à　来る、（話し手の方へ）やって来る
> arriver
> recevoir　（手紙などが）来る（＝届く）

　日本語の「来る」にはさまざまな意味があり、フランス語では使う動詞が異なります。使う意味をよく考えて使い分けましょう。

・パリから来た女の子（＝パリ出身の女の子）がクラスにいる。
Il y a une fille dans la classe qui vient de Paris.

・この単語はラテン語から来ている。
Ce mot vient du latin.

・昨日、ポールが家に来た。
Paul est venu à la maison hier.

（「（時などが）来る」arriver）

・花粉の時季がやって来た。
La saison pollinique est arrivée.

・もうすぐクリスマスがやって来る。
Noël arrive bientôt.

・試験の日がやって来た。
Le jour de l'examen est arrivé.

(「(手紙などが)来る(=届く)」recevoir)

・ヨシキからメールが来た。
　J'ai reçu un mail (un courriel) de Yoshiki.

・合格通知(採用通知)が来た。
　J'ai reçu l'annonce d'admission (la lettre d'engagement).

さっそく、フランス語で伝えてみましょう！

1. 彼は飲み会に来たことがない。
   (ne 〜 jamais / soirée arrosée entre collègues f)

2. 明日、私の家にディナー食べに来てね。
   (venir の単純未来 / chez)

3. マキから年賀状が来た。
   (carte de vœux f)

4. 大切な日がやってきた。
   (grand jour m / arriver)

5. もうすぐバレンタインデーがやってくる。
   (la Saint-Valentin / arriver)

解答
1. Il n'est jamais venu à la « soirée arrosée entre collègues ».
2. Tu viendras dîner chez moi demain.
3. J'ai reçu une carte de vœux de Maki.
4. Le grand jour est arrivé.
5. La Saint-Valentin arrive bientôt.

Chapter 2 文を作るための道具箱(構文編)

08 〜だと思う、〜だろうと考える

> penser que + 直接法　　　　（理性的に）〜だと思う
> croire que　　　　　　　　（直観的に）〜だと思う
> trouver + 人・物 + 属詞　　…を〜だと思う

「〜と思う」「〜と考える」は、上のような表現を用いて表します。**主節が否定形の場合は、que + 接続法**になります（☞接続法 22 ページ）。penser は理性的に、croire は直感や予感から「〜だと思う」と示す時に用いられ、trouver は「…を〜だと思う」と判断する場合に使われます。

- この美容師はカットがうまいと思う。
  Je pense que ce coiffeur coupe bien les cheveux.

- 彼は飲み会に来ると思うよ。
  Je crois qu'il viendra à la « soirée arrosée entre collègues ».

(penser à + 人・物「〜のことを思う（人・事を気にかける）」
  penser + à 不定詞「〜しようと思う（〜することを考える）」)

- 結婚を考えている。
  Je pense au mariage.

- 転職を考えている。
  Je pense à changer de travail.

(penser ... de + 人・物「〜について…と思う」)

- マキは僕のことをどう思っているんだろう？
  Je me demande ce que Maki pense de moi.

(trouver + 人・物 + 属詞「…を〜と思う」)

「〜と思う」の属詞（形容詞）は、「…を」の直接目的語（人・物）の性・数と一致させます。

- ヨシキはかなりイケメンだと思う。
  Je trouve Yoshiki très beau.

- この仕事はまったくもってつまらないと思う。
  Je trouve ce travail vraiment pas intéressant.

さっそく、フランス語で伝えてみましょう！

1. 彼はいい医者だと思う。
   （ penser ）

2. 彼は女の子と遊ぶことしか考えていない。
   （ ne 〜 que ／ penser à ／ s'amuser ）

3. 彼が金持ちだとは思っていなかった。
   （ penser の半過去 ／ riche ）

4. この映画は面白いと思う。
   （ trouver ／ intéressant(e) ）

5. 彼女のことをかわいいと思った。
   （ trouver ）

解答

1. Je pense qu'il est un bon médecin.
2. Il ne pense qu'à s'amuser avec les filles.
3. Je ne pensais pas qu'il soit riche.
4. Je trouve ce film intéressant.
5. Je l'ai trouvée mignonne.

09 〜かなぁ、〜だろうか

> Je me demande si　〜かなぁ
> 　　　　　　　　　où　どこかなぁ
> 　　　　　　　　　quand　いつかなぁ
> 　　　　　　　　　comment　どうやって〜かなぁ
> 　　　　　　　　　qui　だれかなぁ
> 　　　　　　　　　avec qui　だれとかなぁ
> 　　　　　　　　　ce que　何を〜かなぁ

「〜かなぁ？」と自問するとき、oui, non で答えられる疑問文なら si、où（どこで）、quand（いつ）、comment（どうやって）、qui（だれが）、avec qui（だれと）などの疑問詞はそのまま後に続けます。qu'est-ce que（何を）は ce que、qu'est-ce qui は ce qui に変化します。

◆◆◆◆◆

・一人暮らしをしようかなぁ？
　Je me demande si je vais vivre seul(e).

・どこでランチをしようかなぁ？
　Je me demande où aller déjeuner.

・フランス映画祭は、今年はいつ開催されるのかなぁ？
　Je me demande quand le Festival du film français aura lieu cette année.

・明日、代休をとった。どうやって過ごそうかなぁ？
　Demain, j'ai pris un congé compensatoire. Je me demande comment je vais en profiter.

・ジャンが浮気している。いったい誰とつきあっているのよ…。
　Jean me trompe. Je me demande avec qui il sort …

- 旦那がまだ帰ってこない。どうしたのかなぁ？

Mon mari ne rentre pas encore. Je me demande ce qui se passe.

さっそく、フランス語で伝えてみましょう！

1. 海外に行こうかなぁ？
   （ partir の近接未来 ）

2. どこで人生のパートナーに出会えるのかなぁ？
   （ rencontrer ／ homme (femme) de sa vie ）

3. この映画はいつ公開になるのかなぁ？
   （ sortir の単純未来 ）

4. 彼女はどうやって彼氏を見つけたのかなぁ？
   （ trouver ／ petit ami m ）

5. 誰がこのお菓子を作ったのかなぁ？
   （ faire ）

Chapter 2 文を作るための道具箱（構文編）

解答
1. Je me demande si je vais partir à l'étranger.
2. Je me demande où je peux rencontrer l'homme (la femme) de ma vie.
3. Je me demande quand sortira ce film.
4. Je me demande comment elle a trouvé son petit ami.
5. Je me demande qui a fait ce gâteau.

10 〜しようと思っている、〜するつもりだ

> penser + 不定詞　　〜しようかと思っている（一般的）
>
> compter + 不定詞　　〜しようかと思っている
>
> avoir l'intention de + 不定詞
>
> 　　　　　　　　　　〜するつもりだ（強い意志の表明）
>
> avoir le projet de + 不定詞
>
> 　　　　　　　　　　〜する計画・予定だ（かなり強い意志と計画性）

「〜しようと思っている」は、penser を使うのが一般的ですが、若い世代は compter を使う傾向があるようです。
意志の度合いによってこれらの表現を使い分けます。

penser / compter　→　avoir l'intention de　→　avoir le projet de

- お正月は両親のところに行こうかと思っている。
  Je pense aller chez mes parents pour le nouvel an.

- 時間通りに着くと思っている。
  Je pense arriver à l'heure.

- 彼女は東京マラソンを3時間30分で完走しようと思っている。
  Elle compte courir le marathon de Tokyo en 3 heures 30.

- フランスに行くつもりだ。
  J'ai l'intention de partir en France.

- 結婚しても仕事はやめないつもりだ。
  Je n'ai pas l'intention de démissionner après le mariage.

・何日か温泉で過ごす予定だ。
J'ai le projet de passer quelques jours dans une station thermale.

さっそく、フランス語で伝えてみましょう！

1　明日の朝は早く起きようかと思っている。
　　（ penser / se lever ）

2　イタリア語も習おうかと思っている。
　　（ compter / apprendre ）

3　たくさんの言語を習うつもりだ。
　　（ avoir l'intention de / plusieurs ）

4　転職するつもりだ。
　　（ avoir l'intention de / changer de ）

5　フランスで 1 年過ごす計画だ。
　　（ avoir le projet de ）

解答
1　Je pense me lever tôt demain matin.
2　Je compte aussi apprendre l'italien.
3　J'ai l'intention d'apprendre plusieurs langues.
4　J'ai l'intention de changer de travail.
5　J'ai le projet de passer un an en France.

11 〜したいなぁ、〜だといいなぁ

> Je voudrais ＋ 不定詞　〜したいなぁ
> Je voudrais que ＋ 接続法
> J'aimerais ＋ 不定詞　〜したいんだけど
> J'aimerais que ＋ 接続法
> J'espère ＋ 名詞・不定詞　〜だといいなぁ
> J'espère que ＋ 直説法

「〜したいなぁ」は通常は条件法を用いて、**Je voudrais**、**J'aimerais** で表現します。J'aimerais は「〜したいんだけど」と Je voudrais に比べ、やや弱いニュアンスになります。
「〜だといいなぁ」という期待や希望を表現したい場合は、**espérer** を使います。

❖❖❖❖❖

・フランスで働きたいなぁ。
　Je voudrais travailler en France.

・この仕事が終わったら、旅に出たいなぁ。
　Une fois que j'aurai fini ce travail, je voudrais partir en voyage.

・夫に昇格してもらいたいなぁ。
　Je voudrais que mon mari obtienne de l'avancement.

・エルメスのカバンを買いたいなぁ。
　J'aimerais acheter un sac Hermès.

・部長が休暇を認めてくれるといいんだけどなぁ。
　J'aimerais que le directeur accepte ma demande de congés.

- いい返事がもらえたらいいなぁ。
  J'espère une réponse favorable.

- フランスに少なくとも 1 年住めたらいいなぁ。
  J'espère habiter en France au moins pour un an.

さっそく、フランス語で伝えてみましょう！

1. フランス語で日記を書きたいなぁ。
   (vouloir / journal intime m)

2. 日本経済によくなってもらいたいなぁ。
   (vouloir / économie f / aller)

3. ファッション業界で働きたいなぁ。
   (aimer / dans)

4. 今夜は夫に早く帰ってきてもらいたいなぁ。
   (aimer / rentrer)

5. 次の試験に受かるといいなぁ。
   (espérer / prochain(e))

解答
1. Je voudrais écrire un journal intime en français.
2. Je voudrais que l'économie japonaise aille mieux.
3. J'aimerais travailler dans la mode.
4. J'aimerais que mon mari rentre tôt ce soir.
5. J'espère réussir au prochain examen.

12 〜が好き、気に入っている

> aimer ＋ 名詞／不定詞　〜が好き
> adorer ＋ 名詞／不定詞　〜が大好き
> 人・物　plaire à ＋ 人　（〜が）気に入っている

「〜が好きだ」「〜することが好き」「〜が気に入っている」は、上記の表現を使います。aimer（adorer）＋ 名詞の場合、**名詞には定冠詞**をつけます。数えられるものには les（複数形）、数えられないものには le, la（単数形）を用います。

◆◆◆◆◆

- コーヒーが好きだ。
  J'aime le café.

- イチゴが大好き。
  J'adore les fraises.

- あまり上司のことを好きではない。
  Je n'aime pas tellement mon supérieur.

- 彼はアニメソングを聞くのが好きだ。
  Il aime écouter de la musique de dessins animés.

- アニメのキャラクターのコスプレをするのが好き。
  J'adore me déguiser en personnage de dessins animés.

「（〜が）気に入る」「〜に好かれる」と表現したい場合は、**〜 plaire à ＋ 人**を使います。日本語と並びが異なり、好きな対象物・人が主語になります。aimer の構文で主語だった（〜が）は、**間接目的語 à** で表しますので気をつけましょう。

- あの映画はすごくよかった。
  Ce film m'a beaucoup plu.

・この靴が気に入っている。
Ces chaussures me plaisent.

さっそく、フランス語で伝えてみましょう！

1. 犬が好きだ。

2. チョコレートが大好き。

3. スポーツをするのが好き。

4. この色が気に入っている。

5. 母はポールのことがとても気に入っている。
   (Paul / beaucoup)

解答
1. J'aime les chiens.
2. J'adore le chocolat.
3. J'aime faire du sport.
4. Cette couleur me plaît.
5. Paul plaît beaucoup à ma mère.

13 ～は嫌だ、～したくない、～は困るなぁ

> Je n'aime pas ＋ 名詞／不定詞
> Ça ne me plaît pas ＋ de ＋ 不定詞（que ＋ 接続法）
> Ça m'embêterait de ＋ 不定詞（que ＋ 接続法）
> Ça m'ennuierait de ＋ 不定詞（que ＋ 接続法）

「～するのは嫌だ」「～したくない」「～するのは困る」など、嫌な気持ちを伝えたい場合の表現です。

条件法を使わずに、Ça m'embête や Ça m'ennuie でも表現できますが、「～するのは困る」「～するのはまずい」「～するのは面倒だ」と少し強い感じになります。

◆◆◆◆◆

・通勤にあまり時間をかけたくない。
 Je n'aime pas mettre beaucoup de temps pour aller au bureau.

・夫に携帯を勝手に見られたくない。
 Ça ne me plaît pas que mon mari regarde mon portable sans mon autorisation.

・今日は残業するのは困るなぁ。
 Ça m'embêterait de faire des heures supplémentaires aujourd'hui.

・彼に会社を辞められるのは困るなぁ。
 Ça m'embêterait qu'il quitte la société.

・遅れたらまずいなぁ。
 Ça m'ennuierait d'arriver en retard.

・お姑さんが予告もなしにうちに来るのはちょっと困るなぁ。
Ça m'ennuierait que ma belle-mère vienne nous voir sans prévenir.

さっそく、フランス語で伝えてみましょう！

1. 移動にあまり時間をかけたくない。
   （ ne pas aimer ／ mettre ／ se déplacer ）

2. 彼氏には、ほかの女子とディナーをともにしてもらいたくない。
   （ ça ne me plaît pas que ／ une autre fille ）

3. 土曜日に出社するのは困るなぁ。
   （ ça m'embêterait de ／ venir ／ bureau m ）

4. 1人（女性）で映画に行くのは嫌だなぁ。
   （ ça m'ennuierait de ／ seul(e) ）

5. 夫が同僚とよく飲みに行くのは困るなぁ。
   （ ça m'ennuierait que ／ aller boire ）

解答

1. Je n'aime pas mettre beaucoup de temps pour me déplacer.
2. Ça ne me plaît pas que mon ami dîne avec une autre fille.
3. Ça m'embêterait de venir au bureau samedi.
4. Ça m'ennuierait d'aller au cinéma toute seule.
5. Ça m'ennuierait que mon mari aille boire souvent avec ses collègues.

Chapter 2 文を作るための道具箱（構文編）

14 〜しなくてはいけない、〜が必要だ

> devoir ＋ 不定詞
> Il faut ＋ 不定詞
> Il faut ＋ que ＋ 接続法

「〜しなくてはならない」は、**devoir** と **falloir**（非人称）で表現します。
Il faut ＋ 不定詞の構文では、意味上の主語を明示する場合は、人称代名詞間接目的語を用います。
また、「〜しなくちゃなぁ」と口調を和らげたい場合は、**il faudrait**（条件法）を使います。

◆◆◆◆◆

・絶対に夏までにやせないと。
Je dois absolument maigrir avant l'été.

・携帯の契約を解約しないと。
Je dois résilier mon contrat de portable.

・エイズ検査を受けなくちゃなぁ。
Il faudrait faire le test de dépistage du sida.

・合コンに行くのにきれいにして行かなきゃ。
Il faudra que je me fasse belle pour aller à la « soirée rencontre en groupe ».

・ウエディングドレスを着るために、ダイエットが必要だった。
Il m'a fallu faire un régime pour porter la robe de mariée.

さっそく、フランス語で伝えてみましょう！

1. 明日は早起きしないと。
   (devoir / se réveiller)

2. お金を下ろしに銀行へ行かないと。
   (devoir / passer / retirer)

3. この書類のコピーを 50 部とらなきゃ。
   (Il faudra ＋ 不定詞 / faire 50 photocopies)

4. 外国語を習得するにはたくさん勉強しなくちゃなぁ。
   (Il faudrait ＋ 不定詞 / maîtriser)

5. 貯金しなくちゃなぁ。
   (Il faudrait que / économies f pl)

解答

1. Je dois me réveiller tôt demain matin.
2. Je dois passer à la banque pour retirer de l'argent.
3. Il faudra faire 50 photocopies de ce document.
4. Il faudrait beaucoup travailler pour maîtriser une langue étrangère.
5. Il faudrait que je fasse des économies.

15 〜に違いない、〜のはずだ

> devoir ＋ 不定詞　〜に違いない、〜のはずだ

「〜に違いない」や「〜のはずだ」と可能性・推定を表すには **devoir ＋ 不定詞**で表現します。「〜のはずだけどなぁ」と疑惑を含んだニュアンスを表したい場合は、条件法を用います。

◆◆◆◆◆

・この夏は暑くなるに違いない。
　Il doit faire chaud cet été.

・妻はすべて知っているに違いない。
　Ma femme doit être au courant de tout.

・電話番号を間違えたに違いない。
　J'ai dû me tromper de numéro de téléphone.

・今日は花粉が多いに違いない。
　Il doit y avoir beaucoup de pollen aujourd'hui.

・順調ならこの試験には受かっているはずなんだけどなぁ。
　Normalement, je devrais réussir à cet examen.

・私の荷物はもう届いているはずなんだけどなぁ。
　Mon paquet devrait être déjà arrivé.

　Ça を主語にして、Ça doit être ... 「〜することは…に違いない」と表現することもできます。日常会話でよく使われます。

・今氏と働くのは大変に違いない。
　Ça doit être dur de travailler avec M. Kon.

さっそく、フランス語で伝えてみましょう！

1. 彼女は怒っているに違いない。
   （ fâché(e) ）

2. それは難しいに違いない。
   （ ça ）

3. 彼（彼女）の娘さんは今や大きくなっているはずだ。
   （ grand(e) ）

4. 妻は愛人の存在を知っているに違いない。
   （ être au courant de ／ l'existence ／ maîtresse ）

5. 鍵はカバンの中にあるはずなんだけどなぁ。
   （ clé f ）

解答
1. Elle doit être fâchée.
2. Ça doit être difficile.
3. Sa fille doit être grande maintenant.
4. Ma femme doit être au courant de l'existence de ma maîtresse.
5. La clé devrait être dans le sac.

16 〜がかかる、〜をかける

> mettre ＋ 時間・資金・労力 ＋ à (pour) ＋ 不定詞
> 　（人・物が主語）
> Il (me) faut ＋ 時間 ＋ pour ＋ 不定詞
> 　（非人称。人は人称代名詞間接目的語）
> prendre ＋ 時間 ＋ à　（人に）時間がかかる
> coûter ＋ à　（人に）費用がかかる

　上記の表現は「〜がかかる」「〜をかける」を意味しますが、構文が異なりますので注意しましょう。
　mettre は**人・物**が主語になり、**falloir** は意味上の主語（時間をかける人）を明示する場合は、**人称代名詞間接目的語**で表します。

◆◆◆◆◆

・この仕事をするのに私は1時間かかった。
　J'ai mis une heure à faire ce travail.
　（**Il m'a fallu une heure pour faire ce travail.**）

・少なくとも支度に1時間はかかる。
　Je mets au moins une heure à me préparer.
　（**Il me faut au moins une heure pour me préparer.**）

　時間をとられた（＝かかった）と表現したい場合は、**prendre** を使います。prendre は、かかるものが主語になります。

・バイク便だと配達に30分しかかからない。
　Avec le coursier à moto, l'expédition d'un paquet ne prend qu'une demi-heure.

「値段がかかる」「費用がかかる」を表すには、かかる物（人）+ **coûter à 人**（人に費用がかかる）という表現を使います。

- エアコンの修理に 1 万円かかった。
  La réparation du climatiseur m'a coûté 10 000 yens.

さっそく、フランス語で伝えてみましょう！

1. 私は部屋を片づけるのに 1 時間かかった。
   (mettre pour / ranger)

2. 彼女はお化粧に何時間もかける。
   (mettre à / des heures / se maquiller)

3. 駅まで歩いていくと 20 分以上かかる。
   (falloir / plus de / à pied)

4. パソコンの修理に 1 週間かかった。
   (réparation ⓕ / ordinateur ⓜ / prendre)

5. 私は引っ越しに 10 万円かかった。
   (déménagement ⓜ)

解答
1. J'ai mis une heure pour ranger ma chambre.
2. Elle met des heures à se maquiller.
3. Il faut plus de vingt minutes pour aller à la gare à pied.
4. La réparation de l'ordinateur a pris une semaine.
5. Le déménagement m'a coûté 100 000 yens.

17 ～することができる

> pouvoir ＋ 不定詞　（外的状況によって）できる
> savoir ＋ 不定詞　（学習・訓練によって）できる
> être capable de ＋ 不定詞　（レベルに合って）できる
> arriver à ＋ 不定詞　できる（うまくいく）

pouvoir と savoir の使い方に特に注意をしましょう。
　savoir が、生まれつき、または学習や訓練を積んで「できる」のに対し、pouvoir は、能力にかかわらず外的条件が整っていたら「できる」場合に使います。

・・・・・

・泳げない（＝泳ぎ方を知らない）。
　Je ne sais pas nager.

・風邪をひいたので、今日は泳げない（＝泳げるが、今日はできない）。
　J'ai attrapé un rhume. Aujourd'hui, je ne peux pas nager.

・フランスではレストランで喫煙できない。
　En France, on ne peut pas fumer dans les restaurants.

・私は、英語、フランス語、イタリア語の３カ国語が話せる。
　Je sais parler trois langues ; anglais, français et italien.

「～できるレベルにある」は être capable de ＋ 不定詞で表します。

・１人でパソコンの設定ができる。
　Je suis capable de configurer l'ordinateur tout(e) seul(e).

あることがうまくいくかどうかは、**arriver à ＋ 不定詞**で表します。

・フランス映画は、まだ字幕なしでは理解できない。
Je n'arrive pas encore à comprendre les films français sans sous-titre.

さっそく、フランス語で伝えてみましょう！

1. 私は、夏に１週間休暇をとることができる。
   （　une semaine de congés　）

2. このパソコンはまだ使うことができる。
   （　ordinateur m　/　servir　）

3. 私はピアノが弾ける。
   （　jouer de　）

4. ２年フランスに留学して、彼女はフランス語をマスターできた。
   （　après　/　études f pl　/　arriver à　/　maîtriser　）

5. ヨシキはホームページが作れる。
   （　être capable de　/　créer　/　site m　）

解答

1. Je peux prendre une semaine de congés en été.
2. Cet ordinateur peut encore servir.
3. Je sais jouer du piano.
4. Après deux ans d'études en France, elle est arrivée à bien maîtriser le français.
5. Yoshiki est capable de créer un site Internet.

18　～が得意だ、～に強い／～が苦手だ、～に弱い

> être bon(ne) / être fort(e) en (dans) ＋ 教科・分野
> être bon(ne) / être fort(e) à ＋ スポーツ・ゲーム
> être bon(ne) / être fort(e) sur ＋ 特殊なテーマや問題

「～が得意だ」「～がよくできる」は、être bon(ne) や fort(e) を使って表現します。fort(e) のほうが bon(ne) より優れていること「～がとてもうまい」「～が強い」を表します。

❖❖❖❖❖

・私は語学が得意だ。
　Je suis très bon(ne) en langue.

・彼は囲碁が強い。
　Il est fort au jeu de go.

・彼は経済問題にとても詳しい。
　Il est fort sur les questions économiques.

「～が苦手だ」「～に弱い」と表現したい場合は、**je ne suis pas bon(ne), je ne suis pas fort(e)** と否定文にするか、**être mauvais(e)** を使います。「～がまったくできない」「～はさっぱりだ」と強調したい場合は、**être nul(le)** を使います。

・私は料理が苦手だ。
　Je ne suis pas bon(ne) en cuisine.

・私はメカに弱い。
　Je suis mauvais(e) en mécanique.

・私は計算が苦手だ。
　Je suis mauvais(e) en calcul.

・科学はさっぱりだ。
Je suis nul(le) en chimie.

さっそく、フランス語で伝えてみましょう！

1. ヨシキはピアノがうまい。
   (　être bon(ne)　)

2. 彼女は数学が苦手だ。
   (　être bon(ne)　)

3. 私は語学が苦手だ。
   (　être mauvais(e)　)

4. 姉（妹）は英語が得意だ。
   (　être fort(e)　)

5. 彼はテニスが得意だ。
   (　être fort(e)　)

解答
1. Yoshiki est bon en piano.
2. Elle n'est pas bonne en mathématique.
3. Je suis mauvais(e) en langue.
4. Ma sœur est forte en anglais.
5. Il est fort au tennis.

19 〜を知っている

> connaître ＋ 名詞
> savoir ＋ 不定詞（que ＋ 直説法）
> être au courant de ＋ 名詞（que ＋ 直説法）

「〜を知っている」は、connaître または savoir で表します。通常、**名詞**（直接目的語）**をとるときは** connaître を用います。que, si などに導かれた節がくる場合は savoir しか使えません。

・私は彼（彼女）の住所を知っている。
　Je connais son adresse.

・私は彼（彼女）がどこに住んでいるのか知っている。
　Je sais où il (elle) habite.

・パリのおいしいレストランを知っている。
　Je connais un très bon restaurant à Paris.

・彼は名前だけ知っている。
　Je le connais seulement de nom.

・彼が既婚者だとは知らなかった。
　Je ne savais pas qu'il était marié.

・彼が飲み会に来るかどうかわからない（知らない）。
　Je ne sais pas s'il vient à la « soirée arrosée entre collègues ».

「～の事情・情報などをよく知っている」と表現したい場合は、**être au courant de** + **物**（**que** + **直説法**）を使います。

- パリで起きたテロ事件について知っている。
  Je suis au courant de l'attentat qui a eu lieu à Paris.

さっそく、フランス語で伝えてみましょう！

1. いい医者を知っている。

2. 彼女は顔だけ知っている。
   (seulement / de vue)

3. 彼がどこで働いているのか知っている。

4. セールがいつ始まるのか知っている。
   (soldes m pl)

5. このニュースについては知らない。
   (être au courant de / nouvelle f)

解答
1. Je connais un bon médecin.
2. Je la connais seulement de vue.
3. Je sais où il travaille.
4. Je sais quand commencent les soldes.
5. Je ne suis pas au courant de cette nouvelle.

20 〜すれば（しなきゃ）よかった

J'aurais voulu …　〜したかったのに（やらなかった）

J'aurais aimé …　〜したかったのに（やらなかった）

J'aurais dû …　〜すべきだったのに（やらなかった）

J'aurais pu …　〜することもできたのに（やらなかった）

　過去の実現しなかった事柄を後悔して、「〜すればよかった」「〜するべきだった」「〜できただろろうに」と表現したい場合は、**vouloir、aimer、devoir、pouvoir** の**条件法過去**を用います。

　J'aurais voulu「（ぜひとも）〜したかった」に比べ、J'aurais aimé は「（できれば）〜したかった」という少し弱いニュアンスになります。

・・・・・

・フランスに住みたかったのに。
　J'aurais voulu habiter en France.

・モード界で働きたかったのに。
　J'aurais aimé travailler dans la mode.

・昨日、彼に知らせるべきだった。
　J'aurais dû le prévenir hier.

・インフルエンザの予防接種をすべきだった。
　J'aurais dû me faire vacciner contre la grippe.

・私に電話できたんじゃない！
　Tu aurais pu me téléphoner !

　否定文では、「〜するんじゃなかった」と過去にしたことを後悔する表現になります。

- 昨日、こんなに飲むんじゃなかった。
  Je n'aurais pas dû boire autant hier.

- こんなにお金を使うんじゃなかった。
  Je n'aurais pas dû dépenser autant d'argent.

さっそく、フランス語で伝えてみましょう！

1. 時間通りに着きたかったのに。
   (vouloir / à l'heure)

2. 海に行きたかったのに。
   (aimer)

3. 彼（彼女）の電話番号を聞けたのに。
   (pouvoir / demander)

4. もっと勉強をすべきだった。
   (devoir / davantage)

5. この会社を辞めるんじゃなかった。
   (devoir / quitter / entreprise f)

解答
1. J'aurais voulu arriver à l'heure.
2. J'aurais aimé aller à la mer.
3. J'aurais pu demander son numéro de téléphone.
4. J'aurais dû étudier davantage.
5. Je n'aurais pas dû quitter cette entreprise.

21 〜しているところ、〜するところだった

> être en train de ＋ 不定詞　〜しているところ
> être sur le point de ＋ 不定詞　まさに〜しようとしている
> faillir ＋ 不定詞　危うく〜するところ

「〜しているところ」「〜している最中」を表現したいときは、être en train de を、「まさに〜しようとしている」「まさに〜しかけている」と言いたい場合は、être sur le point de を使います。

•••••

・邪魔しないで、計算をしているところなの。
　Ne me dérange pas, je suis en train de faire des calculs.

・世論は変化しつつある。
　L'opinion publique est en train d'évoluer.

・ちょうど出かけるところ。
　Je suis sur le point de sortir.

・駅に到着したとき、ちょうど電車が出るところだった。
　Quand je suis arrivé(e) à la gare, le train était sur le point de partir.

　現実にはそうならなかったけれど「危うく〜するところだった」は、faillir で表します。完了している事柄ですので、複合過去を使います。

・日本はサッカーの試合で危うく負けるところだった。
　Le Japon a failli perdre le match de football.

・携帯を忘れるところだった。
　J'ai failli oublier mon portable.

さっそく、フランス語で伝えてみましょう！

1. 息子は昼寝をしているところ。
   (faire la sieste)

2. 手伝ってよ、1人でソファーを移動させているの！
   (aider / déplacer / canapé m)

3. まもなく会議が始まろうとしている。
   (réunion f)

4. 危うく遅刻するところだった。
   (arriver)

5. 階段で転ぶところだった。
   (tomber dans)

解答

1. Mon fils est en train de faire la sieste.
2. Aide-moi, je suis en train de déplacer le canapé toute seule !
3. La réunion est sur le point de commencer.
4. J'ai failli arriver en retard.
5. J'ai failli tomber dans l'escalier.

22 〜すべき…がある

> avoir ＋ 名詞／代名詞 ＋ à ＋ 不定詞

前置詞 à ＋ 名詞 / 不定詞で「〜すべきもの」という意味があり、「〜すべき…がある」と表現したい場合は、avoir ＋ 名詞 / 代名詞 ＋ à ＋ 不定詞 を使います。

・今朝、やらなくてはいけないプレゼンがある。
　J'ai une présentation à faire ce matin.

・今週末は、やらなくてはいけない事が山ほどあった。
　J'ai eu beaucoup de choses à faire ce week-end.

・土曜日までに返さなくてはいけない DVD が 1 本ある。
　J'ai un DVD à rendre avant samedi.

・オーガナイズしなくてはいけない友人とのディナーがある。
　J'ai un dîner amical à organiser.

・あなたに言わなくてはいけない大切なことがある。
　J'ai quelque chose d'important à vous dire.

・18 時までに終えなくてはいけない仕事がある。
　J'ai un travail à finir avant 18 heures.

・作成しなくてはいけない書類がある。
　J'ai un document à établir.

さっそく、フランス語で伝えてみましょう！

1. やらなくてはいけない宿題がある。

2. 確認しなくてはいけない点がまだ2、3 ある。
   （ encore ／ chose f ／ vérifier ）

3. 欠かせない大切な約束がある。
   （ rendez-vous m ／ manquer ）

4. アイロンをかけなくてはいけないワイシャツが何枚かある。
   （ chemise f ／ repasser ）

5. 見なくてはいけない面白そうな映画がある。
   （ intéressant(e) ）

解答

1. J'ai des devoirs à faire.
2. J'ai encore deux ou trois choses à vérifier.
3. J'ai un rendez-vous important à ne pas manquer.
4. J'ai des chemises à repasser.
5. J'ai un film intéressant à voir.

23 〜に見える、〜に思える、〜そうだ

> sembler（à + 人）+ 形容詞／名詞／不定詞
> paraître（à + 人）+ 形容詞／名詞／不定詞
> avoir l'air + 形容詞／de + 不定詞

「〜に見える」「〜のように思える」「〜そうだ」と表現したい場合は、sembler, paraître, avoir l'air を使います。

paraître, avoir l'air は「（見かけが）〜のように見える」と言いたいときに用い、日常会話では avoir l'air のほうがよく使われます。sembler は、語り手が主観的に外見や状況などから推測、判断して「（私の目には）〜のように映っている」というニュアンスです。

それぞれ、後に置く形容詞は、主語の性、数に一致させます。

・彼女は疲れているように見えた。
Elle m'a semblé fatiguée.

・彼女はこの仕事に興味をもっているように思える。
Elle semble intéressée par ce travail.

・彼女は若く見える。
Elle paraît jeune.

・ヨシキはマキとうまくいっているように思える。
Yoshiki me paraît heureux avec Maki.

・それはベストなやり方だと思える。
Ça me paraît la meilleure solution.

・彼はいじわるそうだ。
Il a l'air méchant.

- このイチゴはおいしそうだ。
  Ces fraises ont l'air bonnes.

さっそく、フランス語で伝えてみましょう！

1. マキはそんな歳には見えない。
   (paraître / âge m)

2. 母の具合は（私には）よくなっているように思える。
   (santé f / sembler / s'améliorer)

3. そのアイディアは（私には）素晴らしく思えた。
   (sembler / excellent(e))

4. それはおいしそうだ。
   (avoir l'air)

5. ポールはとても真面目そうだ。
   (Paul / avoir l'air)

解答

1. Maki ne paraît pas son âge.
2. La santé de ma mère me semble s'améliorer.
3. Cette idée m'a semblé excellente.
4. Ça a l'air bon.
5. Paul a l'air très sérieux.

Chapter 2 文を作るための道具箱（構文編）

73

24 あまりに〜なので…、とても〜なので…

si 〜 que …
tellement 〜 que …
tellement de + 無冠詞名詞 que …

「あまりに〜なので…だ」「とても〜なので…だ」と強調したい場合は、si 〜 que …、tellement 〜 que … という表現を使います。
tellement de + 無冠詞名詞 que … は、「とても多くの〜なので…だ」という意味になります。

・ポールはあまりにも変わっていたので、彼だとわからなかった。
Paul a tellement changé que je ne l'ai pas reconnu.

・ヨシキのことがあまりにも好き過ぎて、仕事に集中できない。
Je suis tellement amoureuse de Yoshiki que je n'arrive pas à me concentrer sur le travail.

・あまりにも多くのメールが来ていて、すべてに返信する時間がなかった。
J'ai reçu tellement de mails que je n'ai pas eu le temps de répondre à tous.

・あまりにも暑かったのでエアコンのきいた部屋にとどまっていた。
Il faisait si chaud que je suis resté(e) dans une chambre climatisée.

・この映画はとても感動的だったので、涙が目にあふれてきた。
Ce film était si émouvant que les larmes me venaient aux yeux.

さっそく、フランス語で伝えてみましょう！

1. あまりにも疲れていたので、すぐに寝てしまった。
   （ tellement 〜 que ／ se coucher ）

2. 彼はあまりにも浮気男だったので、奥さんに捨てられた。
   （ tellement 〜 que ／ infidèle ／ quitter ）

3. あまりにも仕事が多かったので、昼食をとる時間がなかった。
   （ tellement de 〜 que ／ avoir le temps de ）

4. ポールはとても早くしゃべるので、彼のフランス語は理解できない。
   （ si 〜 que ／ vite ／ arriver à ）

5. 彼女はとてもかわいいので、男子は皆、彼女を追いかけ回している。
   （ si 〜 que ／ garçon m ／ courir après ）

Chapter 2 文を作るための道具箱（構文編）

解答

1. J'étais tellement fatigué(e) que je me suis couché(e) tout de suite.
2. Il était tellement infidèle que sa femme l'a quitté.
3. J'avais tellement de travail que je n'ai pas eu le temps de déjeuner.
4. Paul parle si vite que je n'arrive pas à comprendre son français.
5. Elle est si mignonne que tous les garçons courent après elle.

25 〜なのは…だ

> C'est ＋ 主語 ＋ qui 〜
> C'est ＋ 主語以外 ＋ que 〜

「〜なのは…だ」と、文の一部を強調したい場合に用います。強調したい語句を c'est の後に置きます。**主語を強調したい場合は C'est ＋ 主語 ＋ qui 〜、それ以外（目的語、状態補語）の強調は C'est ＋ 主語以外 ＋ que 〜**を使います。

◆◆◆◆◆

・マキに惚れているのはヨシキだ。
　C'est Yoshiki qui est amoureux de Maki.

・前から買いたかったのは、このバッグなの。
　C'est ce sac que je voulais acheter depuis longtemps.

　関係代名詞を使った、**Ce qui (que/dont) 〜 , c'est …** という表現もあります。文を2つの部分に分割する強調表現で、日常会話でよく使われます。

・高いのはスマートフォンの契約料金だ。
　Ce qui est cher pour moi, c'est l'abonnement du smartphone.

・パリで一番好きなのは、セーヌ川だ。
　Ce que j'aime le plus à Paris, c'est la Seine.

・欲しいのは、バケーションだ。
　Ce dont j'ai envie, c'est de vacances.

「〜なのは…をすることだ」は、**〜 c'est de ＋ 不定詞**です。

・やせるために大切なのは、9時以降は食べないことだ。
　Ce qui est important pour maigrir, c'est de ne pas manger après neuf heures du soir.

さっそく、フランス語で伝えてみましょう！

1. 君にお礼を言うのは私のほうよ。
   (remercier)

2. このスカートを買ったのは渋谷なの。
   (jupe f)

3. このお店のよいところは、品揃えが豊富なところだ。
   (bien / dans / grande variété de produits f)

4. 理解できないのは、このスマートフォンの使い方だ。
   (comprendre / utilisation f / smartphone m)

5. 夢見ているのは、億万長者と結婚することだ。
   (rêver de / se marier avec un milliardaire)

解答
1. C'est moi qui te remercie.
2. C'est à Shibuya que j'ai acheté cette jupe.
3. Ce qui est bien dans ce magasin, c'est la grande variété de produits.
4. Ce que je ne comprends pas, c'est l'utilisation de ce smartphone.
5. Ce dont je rêve, c'est de me marier avec un milliardaire.

26 〜して…になる、〜から…してない

> Ça fait + 期間 + que + 直説法
> Il y a + 期間 + que + 直説法

「〜して…になる」などと期間を強調したい場合は、Il y a + 期間 + que + 直説法、または、日常会話でよく用いられる Ça fait + 期間 + que + 直説法で表現します。
　現在まで継続している事柄（depuis ...）、過去に起こった事柄（il y a ...）どちらも表現できます。

◆◆◆◆◆

・ヨシキとつきあうようになってもう1年よ。
　Ça fait un an que je sors avec Yoshiki.
　（Je sors avec Yoshiki depuis 1 an.）

・ヨシキと出会ったのは1年前なの。
　Ça fait un an que j'ai rencontré Yoshiki.
　（J'ai rencontré Yoshiki, il y a un an.）

・もう2カ月も美容院に行っていない。
　Ça fait deux mois que je ne suis pas allé(e) chez le coiffeur.

・彼がフランスへ出発してから1週間がたった。
　Ça fait une semaine qu'il est parti pour la France.

・この会社に勤めてもう5年になる。
　Il y a cinq ans que je travaille dans cette entreprise.

・この会社に5年前に入社した。
　Il y a cinq ans que je suis entré(e) dans cette entreprise.

さっそく、フランス語で伝えてみましょう！

1. スポーツクラブに通うようになって、6カ月になる。
   （ ça fait 〜 que ／ aller ）

2. スポーツクラブに登録したのは、6カ月前だ。
   （ ça fait 〜 que ／ s'inscrire ）

3. フランス語を習い始めたのは、2年前だ。
   （ il y a 〜 que ／ apprendre ）

4. フランス語を習っているのは、2年前からだ。
   （ il y a 〜 que ）

5. もう1年もカラオケに行ってない。
   （ ça fait 〜 que ）

解答

1. Ça fait 6 mois que je vais au club de sport.
2. Ça fait 6 mois que je me suis inscrit(e) au club de sport.
3. Il y a deux ans que j'ai commencé à apprendre le français.
4. Il y a deux ans que j'apprends le français.
5. Ça fait un an que je ne suis pas allé(e) au Karaoké.

27 〜してもらう、〜される

> se faire + 不定詞　〜してもらう
> être + 過去分詞 + par / de + 動作主　〜される

　再帰代名詞 se faire + 不定詞を使って、「〜してもらう」「〜させる」と受動的な意味を表現することができます。
　たとえば、日本語では「髪を切った」と言うところを、フランス語では se faire（〜させる ＝ 〜してもらう）を用いて Je me suis fait couper les cheveux. と言います。
　＊se faire は、複合時制で主語と過去分詞の性・数の一致はしません。

◆◆◆◆◆

・佐藤さんに代わってもらった。
　Je me suis fait remplacer par Mme Sato.

・ネイルケアをしてもらった。
　Je me suis fait faire les ongles.

・母は手術を受けた（手術をしてもらった）。
　Ma mère s'est fait opérer.

　「〜される」は受動態で表現します。受動態で主語になるのは、能動態の目的語です。

・マキはポールに招待されている。
　Maki est invitée par Paul.（Paul invite Maki.）

　「〜によって」は、一般的に par で導かれますが、感情や状態を表す動詞には de を使います。過去分詞は、主語の性・数に一致させます。
　＊動作主は必要がない場合は省略されます。

・パリの新聞社「シャルリ・エブド」を襲撃したテロリストは警察により射殺された。
　Les terroristes qui ont attaqué le journal « Charlie Hebdo »

à Paris ont été tués par la police.

・ヨシキは皆に愛されている。
Yoshiki est aimé de tous.

さっそく、フランス語で伝えてみましょう！

1. 彼女はまつげエクステをした（してもらった）。
   （　extension de cils　f　）

2. 彼は床屋さんにヒゲを剃ってもらった。
   （　raser　/　coiffeur　m　）

3. 上司にしかり飛ばされた。
   （　se faire engueuler《話》　/　supérieur　m　）

4. マキの結婚披露宴に招待されている。
   （　inviter　/　au banquet de noces　）

5. この絵の美しさに魅了された。
   （　fasciner　/　tableau　m　）

解答
1. Elle s'est fait faire l'extension de cils.
2. Il s'est fait raser par le coiffeur.
3. Je me suis fait engueuler par mon supérieur.
4. Je suis invité(e) au banquet de noces de Maki.
5. J'ai été fasciné(e) par la beauté de ce tableau.

28 〜なので、〜のため

parce que / car 　〜なので
comme 　（文頭に置いて）〜なので
puisque 　（明白な理由）〜なのだから
à cause de ＋ 名詞 　〜のせいで、〜のため
grâce à ＋ 名詞 　〜のおかげで

　parce que, car は「〜だから」「〜なので」と、話し手にとって未知な原因・理由を説明的に述べる場合に使われます。
　comme は文頭に置いて、「〜なので」と、原因・理由に重きを置きたいときに使います。
　puisque は、「〜なのだから」「〜である以上」と、話し相手にとって明白な原因・理由を説得的に述べる場合に使います。

◆◆◆◆◆

・インフルエンザにかかったので、会社に行きませんでした。
　Je ne suis pas allé(e) au bureau parce que j'ai attrapé la grippe.
　（Je ne suis pas allé(e) au bureau car j'ai attrapé la grippe.）

・天気がよかったので、「大洗濯大会」をした。
　Comme il a fait beau, j'ai fait une grande lessive.

・大雨なので、家にいましょう。
　Restons à la maison puisqu'il pleut à torrents !

・会議のせいで、フランス語のレッスンに行けなかった。
　À cause de la réunion, je n'ai pas pu aller au cours de français.

・あなたのアドバイスのおかげで転職できました。
　Grâce à vos conseils, j'ai pu changer de travail.

さっそく、フランス語で伝えてみましょう！

1. ポールはどケチなので、彼とはつきあいたくないわ。
   (sortir / parce que / trop avare)

2. パリでストがあったので、飛行機に乗れませんでした。
   (comme / grève f)

3. もう終電は終わったので、タクシーを拾いましょう。
   (puisque / ne ～ plus / prendre の近接未来)

4. 台風3号のため、サッカーの試合は中止になった。
   (match m / annuler / à cause de / typhon no. 3 m)

5. 彼女のおかげでレアと出会うことができた。
   (grâce à / Léa)

解答

1. Je ne veux pas sortir avec Paul parce qu'il est trop avare.
2. Comme il y avait une grève à Paris, je n'ai pas pu prendre l'avion.
3. Puisqu'il n'y a plus de train, on va prendre un taxi.
4. Le match de football a été annulé à cause du typhon no. 3.
5. Grâce à elle, j'ai pu rencontrer Léa.

29 〜してうれしい

> être content(e) de ＋ 人・物／不定詞
> être content(e) que ＋ 接続法
> être heureux(euse) de ＋ 人・物／不定詞
> être heureux(euse) que ＋ 接続法
> Ça me fait plaisir de ＋ 不定詞

「〜してうれしい」という気持ちを表すには être content(e) や heureux(euse) また faire plaisir などの表現を使います。

少し改まった表現に、enchanté(e), ravi(e)「とてもうれしい」などもあります。

content(e) ▶ heureux(euse) ▶ enchanté(e) ▶ ravi(e)

faire plaisir は、ça me fait plaisir de 〜という形でよく使われ、「自分を喜ばせる＝うれしい」という気持ちを表します。de の後にうれしい要因・理由を入れます。

・・・・・

- あなたにお会いできてうれしい。
  （会ったこと（過去）を今、うれしく思っている）
  Je suis content(e) de vous avoir rencontré.

- あなたに会えてうれしかった。
  （会った時点（過去）で、うれしいと思った）
  J'ai été content(e) de vous rencontrer.

- iPhone の新機種が手に入ってとてもうれしい。
  Je suis très content(e) d'avoir eu le dernier modèle d'iPhone.

- 彼氏ができてうれしい。
  Je suis heureuse d'avoir trouvé un petit ami.

・彼と初めてデートができてうれしい。
Ça me fait plaisir de sortir avec lui pour la première fois.

さっそく、フランス語で伝えてみましょう！

1. 仏検2級に受かってうれしい。
   (être content(e) de / réussir à / l'examen du DAPF 2)

2. 君の近況が知れてうれしかった。
   (ça me fait plaisir de / avoir de)

3. あなたが訪ねてくれてうれしいです。
   (être heureux(se) de / visite f)

4. あなたにお目にかかれてうれしいです。
   (être ravi(e) de / rencontrer)

5. 息子が試験に合格してくれてうれしい。
   (être heureux(se) que / fils m)

解答
1. Je suis content(e) d'avoir réussi à l'examen du DAPF 2.
2. Ça m'a fait plaisir d'avoir de tes nouvelles.
3. Je suis heureux(se) de votre visite.
4. Je suis ravi(e) de vous rencontrer.
5. Je suis heureux(se) que mon fils ait réussi à l'examen.

30 〜が楽しみだ、〜したくてたまらない

> être impatient(e) de ＋ 不定詞　〜したくてたまらない
> avoir hâte de ＋ 不定詞　早く〜したい

「〜するのが楽しみだ」「〜が待ち遠しい」「〜したくてわくわくしている」という気持ちは、être impatient(e) de や avoir hâte de で表します。

・早く美容院に行きたくてたまらない。
　Je suis impatient(e) d'aller chez le coiffeur.

・両親は孫娘に再会したくてうずうずしている。
　Mes parents sont impatients de retrouver leur petite-fille.

・リュック・ベッソンの新作にわくわくしている。
　J'ai hâte de découvrir le nouveau film de Luc Besson.

・嵐のニューアルバムを聞くのを楽しみにしている。
　Je suis impatiente d'écouter le nouvel album du groupe Arashi.

・彼氏の両親に会うのを楽しみにしている。
　J'ai hâte de rencontrer les parents de mon ami.

　名詞 impatience を使って、attendre avec impatience ＋ 名詞（de ＋ 不定詞）でも表現できます。

・お給料日が待ち遠しい。
　J'attends avec impatience le jour de paye.

さっそく、フランス語で伝えてみましょう！

1. このスイーツ、早く味見したくてたまらない。
   （ être impatient(e) de ／ goûter ／ pâtisserie f ）

2. バカンスに出かけるのを楽しみにしている。
   （ être impatient(e) de ／ partir ／ en ）

3. バカンスが待ち遠しい。
   （ avoir hâte de ／ être ／ en ）

4. 年末スーパージャンボ宝くじの結果が待ち遠しい。
   （ attendre avec impatience ／ super loto de fin d'année m ）

5. 次のボーナスでエルメスのお財布を買うのが楽しみだ。
   （ avoir hâte de ／ portefeuille Hermès m ／ prochaine prime f ）

解答

1. Je suis impatient(e) de goûter cette pâtisserie.
2. Je suis impatient(e) de partir en vacances.
3. J'ai hâte d'être en vacances.
4. J'attends avec impatience le résultat du super loto de fin d'année.
5. J'ai hâte d'acheter un portefeuille Hermès avec ma prochaine prime.

31 〜に驚く、びっくりした

> être étonné(e) de (par) ＋ 人・物 ／ de ＋ 不定詞
> être étonné(e) que ＋ 接続法
> être surpris(e) de (par) ＋ 人・物 ／ de ＋ 不定詞
> être surpris(e) que ＋ 接続法

　「〜に驚く」「〜にびっくりする」という驚きの気持ちを表すには、上記の表現を使います。名詞・代名詞（人・物）を導く前置詞 de と par の使い分けは微妙で、どちらでも使えるケースもありますが、「驚いた」という事柄、感情、状態を述べるには de を、驚いた要因・理由に重きを置きたい場合は par が使われことが多いようです。
　もう少し強い意味を表す、être stupéfait(e)「驚いてあっけにとられる」もあります。

・彼（彼女）の大胆さにはいつもびっくりしている。
　Je suis toujours étonné(e) de son audace.

・昨日の彼（彼女）の大胆さにはびっくりした。
　J'ai été étonné(e) par son audace hier.

・昨日、深夜過ぎでも渋谷にあれほど人がいることにびっくりした。
　Hier, après minuit, j'ai été étonné(e) de voir autant de monde à Shibuya.

・夫のリアクションに驚いている。
　Je suis surprise de la réaction de mon mari.

・パリにこれほどの中国人観光客がいたことに驚いた。
　J'ai été surpris(e) qu'il y ait autant de touristes chinois à Paris.

さっそく、フランス語で伝えてみましょう！

1 彼（彼女）の態度にはいつもびっくりしている。
　　(être étonné(e) de　/　attitude f)

2 昨日の彼（彼女）の態度にはびっくりした。
　　(être étonné(e) par　/　attitude f)

3 デモのこれほどの人出の多さにびっくりだ。
　　(être étonné(e) que　/　il y a　/　autant de　/　dans　/　manifestation f)

4 元カレの離婚を知って驚いている。
　　(être surpris(e)　/　apprendre　/　ex-copain)

5 部長が企画リーダーに私を選んだことに驚いた。
　　(être surpris(e) que　/　directeur m　/　comme　/　chef du projet m)

解答

1. Je suis toujours étonné(e) de son attitude.
2. J'ai été étonné(e) par son attitude hier.
3. Je suis étonné(e) qu'il y ait autant de monde dans cette manifestation.
4. Je suis surprise d'apprendre le divorce de mon ex-copain.
5. J'ai été surpris(e) que mon directeur m'ait choisi(e) comme chef du projet.

32 〜に感動した

> être ému(e) de (par) ＋ 人・物 ／ de ＋ 不定詞
> être touché(e) de (par) ＋ 人・物 ／ de ＋ 不定詞
> être impressionné(e) par ＋ 名詞

感動を表すには、être emu(e), être touché(e), être impressionné(e) を使います。
　名詞・代名詞（人・物）を導く前置詞 de と par の使い分けは微妙で、どちらでも使えるケースもありますが、「感動した」という事柄、感情、状態を述べるには de を、感動した要因・理由に重きを置きたい場合は par が使われることが多いようです。

　　　　être ému(e)　　　　　être impressionné(e)
　　　　être touché(e)

- 彼（女）の優しさに感動している。
  Je suis ému(e) par sa gentillesse.

- 母は私の花嫁姿を目にしてとても感動していた。
  Ma mère était très émue de me voir en robe de mariée.

- 彼（女）の心配りにとても感動している。
  Je suis très touché(e) de ses attentions.

- このダンサーのパフォーマンスには本当に圧倒される。
  Je suis vraiment impressionné(e) par la performance de cette danseuse.

さっそく、フランス語で伝えてみましょう！

1 この映画にとても感動した。
　　（　être ému(e) par　）

2 あなたの心の広さにとても感動しています。
　　（　être touché(e) de　/　générosité f　）

3 祖母は孫娘に会って感動していた。
　　（　être ému(e) de　/　voir　）

4 マキの速攻の返事に感動している。
　　（　être touché(e) par　/　rapide　）

5 この役者の演技に圧倒された。
　　（　être impressionné(e) par　/　jeu m　）

Chapter 2 文を作るための道具箱（構文編）

解答

1　J'ai été très ému(e) par ce film.
2　Je suis très touché(e) de votre générosité.
3　Ma grand-mère était émue de voir sa petite-fille.
4　Je suis touché(e) par la réponse rapide de Maki.
5　J'ai été impressionné(e) par le jeu de ce comédien.

33 〜が恋しい、寂しい、悲しい

> manquer à + 人　〜が恋しい、寂しい
> être triste de + 名詞／不定詞　〜が悲しい、寂しい
> être triste que + 接続法　〜が悲しい、寂しい

「〜が恋しい」「寂しい」「悲しい」という切ない気持ちを表すには、上記の表現を使います。
manquer は「不在の人・物 + manquer à + 人（〜に寂しい思いをさせる）」の形で使います。

❖❖❖❖❖

・君が恋しい。
　Tu me manques.

・パリが恋しい。
　Paris me manque.

・焼き立てのパリのバゲットが恋しい。
　Les baguettes parisiennes chaudes me manquent.

・高倉健さんの死を知って悲しんでいる。
　Je suis triste d'apprendre la mort de Ken Takakura.

・私の怒りを夫がわかってくれないのが悲しい。
　Je suis triste que mon mari ne comprenne pas ma colère.

さっそく、フランス語で伝えてみましょう！

1. 冬、パリの人々は太陽をとても恋しがる。
   (soleil m / manquer à / Parisiens)

2. パリに住んでいたとき、おいしい豆腐が恋しかった。
   (Tofu m / manquer à / quand / vivre)

3. 愛犬が死んでとても悲しい。
   (être triste que / cher(ère) / mourir)

4. ポール・マッカートニーのコンサートに行きそびれてとても悲しかった。
   (être triste de / rater / Paul McCartney)

5. 老いていく両親を見るのは悲しい。
   (être triste de / voir / vieillir)

解答

1. En hiver, le soleil manque beaucoup aux Parisiens.
2. Le bon Tofu me manquait quand je vivais à Paris.
3. Je suis très triste que mon cher chien soit mort.
4. J'étais très triste d'avoir raté le concert de Paul McCartney.
5. Je suis triste de voir vieillir mes parents.

Chapter 2 文を作るための道具箱（構文編）

34 〜してほっとする

> être soulagé(e) de ＋ 名詞／不定詞
> être soulagé(e) que ＋ 接続法
> se sentir soulagé(e) de ＋ 名詞／不定詞
> se sentir soulagé(e) que ＋ 接続法
> respirer（自動詞）

「〜ほっとする」という安堵の気持ちは、être soulagé(e)、se sentir soulagé(e) や respirer で表現できます。

soulagé(e) は、心配や不安から解放されて「ほっとした」ときに用います。respirer は、「呼吸をする」のほかに「ひと息つく、ほっとする」も表します。

・試験の好結果にほっとしている。
 Je suis soulagé(e) du bon résultat de l'examen.

・我が家の灯りが見えてほっとしている。
 Je me sens soulagé(e) de voir la lumière de notre maison.

・重大なことが何もなかったことにほっとしている。
 Je suis soulagé(e) qu'il n'y ait rien eu de grave.

・試験が全部終わった。ああ、ほっとした！
 Tous les examens sont terminés. Je respire mieux !

さっそく、フランス語で伝えてみましょう！

1 仕事をすべて終えてほっとしている。
（　être soulagé(e) de　/　finir　）

2 その吉報にほっとしている。
（　se sentir soulagé(e) de　/　bonne nouvelle f　）

3 息子の熱が下がるのを見て安堵を感じていた。
（　se sentir soulagé(e) de　/　voir　/　fièvre f　/　baisser　）

4 報告書が部長に受理されてほっとしている。
（　être soulagé(e) que　/　rapport m　/　être accepté(e)　/　directeur m　）

5 修士論文を提出してほっとしている。
（　respirer mieux　/　après　/　dépôt m　/　mémoire de maîtrise m　）

解答

1. Je suis soulagé(e) d'avoir fini tout le travail.
2. Je me sens soulagé(e) de cette bonne nouvelle.
3. Je me sentais soulagé(e) de voir la fièvre de mon fils baisser.
4. Je suis soulagé(e) que mon rapport soit accepté par le directeur.
5. Je respire mieux après le dépôt de mon mémoire de maîtrise.

Chapter 2　文を作るための道具箱（構文編）

35 〜にドキドキする、緊張している

> être nerveux(euse)　ドキドキする、緊張している
> être tendu(e)　ドキドキする、緊張している
> avoir le trac　あがっている

　「〜にドキドキする、緊張している」は、être nerveux(euse) や être tendu(e) で表現します。「あがっている」という精神状態は、avoir le trac です。J'ai le trac ! と言えば、「あがっている」感じがビビッドに伝わります。

❖❖❖❖❖

・試験の前日は緊張する。
　Je suis nerveux(euse) la veille de l'examen.

・つきあいたての彼氏といるといまだにドキドキする。
　Je suis toujours tendue quand je suis avec mon nouveau copain.

・かわいい女子を前にするといつもあがってしまう。
　Devant une jolie fille, j'ai toujours le trac.

・上司の前でプレゼンするときはあがってしまう。
　J'ai le trac quand je fais un exposé devant mes supérieurs.

さっそく、フランス語で伝えてみましょう！

1 高速道路を運転するときは緊張する。
（　être tendu(e)　/　conduire　/　autoroute f　）

2 教授の前では緊張する。
（　être tendu(e)　/　devant　）

3 夫は私の実家にいるときはいつも緊張している。
（　être nerveux(se)　/　chez mes parents　）

4 妊娠検査薬の結果を待っているとき、私はとてもドキドキしていた。
（　être nerveux(se)　/　attendre のジェロンディフ　/　test de grossesse m　）

5 イケメンの前ではいつもあがってしまう。
（　devant　/　avoir le trac　）

解答

1. Je suis tendu(e) quand je conduis sur l'autoroute.
2. Je suis tendu(e) devant mon professeur.
3. Mon mari est toujours nerveux quand il est chez mes parents.
4. J'étais très nerveuse en attendant le résultat du test de grossesse.
5. Devant un beau garçon, j'ai toujours le trac.

36 〜はすごいと思う

> respecter ＋ 人・物　〜を尊敬する、〜に敬意を払う
> avoir du respect pour ＋ 人　〜を尊敬する
> apprécier ＋ 人・物　〜を（高く）評価する
> admirer ＋ 人・物 ＋ pour ＋ 名詞　〜の…はすごいと思う

　尊敬の気持ちは、respecter や avoir du respect pour で表現します。価値や重要性を評価する場合は apprécier を用い、感心・感嘆して「〜はすごいと思う」は、admirer で表現します。

・両親を尊敬している。
　Je respecte mes parents.

・何カ国語も話せる人々を尊敬している。
　J'ai du respect pour les gens qui maîtrisent plusieurs langues étrangères.

・厳しい練習を積むアスリートたちはすごいと思う。
　J'admire les athlètes qui s'entraînent durement.

・親友の口の堅さを評価している。
　J'apprécie la discrétion de mon (ma) meilleur(e) ami(e).

・浮気症の彼氏と忍耐強くつきあうヴァレリはすごいと思う。
　J'admire Valérie pour sa patience avec son copain qui est infidèle.

さっそく、フランス語で伝えてみましょう！

1. 決して諦めないイチローを尊敬している。
   （ respecter ／ renoncer ）

2. 1人で子どもを育てているマリを尊敬している。
   （ avoir du respect pour ／ élever ／ toute seule ）

3. 地震の被災者の支援を行なっている人々に敬意を払う。
   （ respecter ／ aider ／ sinistré(e) ／ tremblement de terre m ）

4. 我が社の新入社員のやる気を評価している。
   （ apprécier ／ enthousiasme m ／ nouveaux employés ）

5. スティーブ・ジョブズの類まれな才能はすごいと思う。
   （ admirer ／ Steve Jobs ／ exceptionnel(le) ）

解答

1. Je respecte Ichiro qui ne renonce jamais.
2. J'ai du respect pour Marie qui élève son enfant toute seule.
3. Je respecte les gens qui aident les sinistrés du tremblement de terre.
4. J'apprécie l'enthousiasme de nos nouveaux employés.
5. J'admire Steve Jobs pour son talent exceptionnel.

37 〜がうらやましい

> être jaloux(se) de ＋ 人・物
> être jaloux(se) que ＋ 接続法
> envier ＋ 人 ＋ de ＋ 不定詞（人が〜するのをうらやむ）
> envier ＋ 名詞 ＋ à ＋ 人（人の〜をうらやむ）

　羨望の気持ちは、être jaloux(se) や envier で表現します。「人が〜することをうらやむ」は envier ＋ 人 ＋ de ＋ 不定詞で示し、「人の〜をうらやむ」は envier ＋ 名詞 ＋ à ＋ 人で表現します。

・ソフィー・マルソーの完璧なボディがうらやましい。
　Je suis jalouse du corps parfait de Sophie Marceau.

・彼のフランス語の腕前はうらやましい限りだ。
　Je suis très jaloux(se) de ses capacités en français.

・友達にかわいい彼女ができたよ、うらやましいな。
　Je suis jaloux que mon copain ait trouvé une jolie copine.

・ポールにはかわいい女友達がいっぱいでうらやましい。
　J'envie beaucoup Paul d'avoir plein de jolies copines.

・彼（彼女）の若さがうらやましい。
　Je lui envie sa jeunesse.

さっそく、フランス語で伝えてみましょう！

1. マキはいつもオシャレ上手でうらやましい。
   (être jaloux(se) / s'habiller bien)

2. 金持ちな男と結婚した友人がうらやましい。
   (être jaloux(se) / copine f / se marier avec)

3. ポールは宝くじが当たったよ、うらやましいな。
   (être jaloux(se) que / gagner / à la loterie)

4. 彼（彼女）の異例の昇進がうらやましい。
   (envier 〜 à / avancement exceptionnel m)

5. 友達が大勢いる君がうらやましい。
   (envier de + 不定詞 / avoir)

解答
1. Je suis jalouse de Maki qui s'habille toujours très bien.
2. Je suis jalouse de ma copine qui s'est mariée avec un homme riche.
3. Je suis jaloux(se) que Paul ait gagné à la loterie.
4. Je lui envie son avancement exceptionnel.
5. Je t'envie d'avoir beaucoup d'amis.

38 〜にはがっかりだ

> être déçu(e) de (par) ＋人・物／de ＋不定詞　〜にはがっかりだ
> 　　que ＋接続法
> être choqué(e) par ＋人・物　〜にショックを受けている
> 　　que ＋接続法

　「〜にはがっかりだ」と失望感を表現するには、être déçu(e)、やや強く「〜にショックを受けている」と衝撃を表現するには、être choqué(e) を使います。名詞・代名詞（人・物）を導く前置詞 de と par の使い分けは微妙で、どちらでも使えるケースもありますが、「がっかりだ」という事柄、感情、状態を述べる場合は de を用い、何かをした行為によって「がっかりさせられた」という要因・理由に重きを置きたい場合は par が使われることが多いようです。

être déçu(e)　　être choqué(e)

・彼（彼女）の態度にはがっかりだ。
Je suis déçu(e) de son attitude.

・給料が下がってとてもがっかりした。
J'ai été très déçu(e) de la diminution de mon salaire.

・彼が私のプレゼントに何のリアクションもしてくれないことにがっかりした。
Je suis déçue qu'il n'ait pas de réaction devant mon cadeau.

・このテロの残虐さにショックを受けている。
Je suis choqué(e) par la cruauté de cet attentat.

・ポールはマキが彼の招待を断ったことにとてもショックを受けた。
Paul a été très choqué que Maki ait refusé son invitation.

さっそく、フランス語で伝えてみましょう！

1 彼氏にはホントにがっかりよ。
　　(être très déçu(e) de ／ mon ami)

2 ジェーン・バーキンのコンサートの中止にがっかりした。
　　(être déçu(e) de ／ annulation f ／ Jane Birkin)

3 彼のデリカシーのなさにはがっかりだ。
　　(être déçu(e) par ／ manque m ／ délicatesse f)

4 彼（彼女）のウソにショックを受けている。
　　(être choqué(e) par ／ mensonge m)

5 彼は奥さんに逃げられてとてもショックを受けている。
　　(être choqué(e) que ／ quitter)

解答

1. Je suis très déçue de mon ami.
2. J'ai été déçu(e) de l'annulation du concert de Jane Birkin.
3. Je suis déçu par son manque de délicatesse.
4. Je suis choqué(e) par son mensonge.
5. Il est très choqué que sa femme l'ait quitté.

39 〜は残念だ

> C'est dommage de ＋ 不定詞
> C'est dommage que ＋ 接続法
> regretter ＋ 名詞
> regretter ＋ de ＋ 不定詞
> regretter ＋ que ＋ 接続法

「〜なのは残念だ」という遺憾の意を表すには、**c'est dommage** や **regretter** を使います。

◆◆◆◆◆

- 東京マラソンに参加できないのは残念だ。
  C'est dommage de ne pas pouvoir participer au marathon de Tokyo.

- このパーティーには１人としてイケメンがいないのはすごく残念だ。
  C'est très dommage qu'il n'y ait aucun beau garçon dans cette fête.

- 橋本氏は、都構想をめぐる大阪の住民投票の結果を残念に思っている。
  M. Hashimoto regrette le résultat du référendum à Osaka sur la réforme administrative.

- X JAPAN のコンサートへ行けず残念だ。
  Je regrette de ne pas avoir pu aller au concert de X JAPAN.

- 彼が私に真実を言ってくれなかったのは残念に思う。
  Je regrette qu'il ne m'ait pas dit la vérité.

さっそく、フランス語で伝えてみましょう！

1. 人生を楽しまないのは残念なことだ。
   (c'est dommage de / profiter de)

2. 故郷を離れるのは残念なことだ。
   (c'est dommage de / son pays natal)

3. 雨で野球の試合が流れたのは残念だ。
   (c'est dommage que / être annulé(e) / à cause de)

4. この女性店員の客に対する横柄な態度を残念に思う。
   (regretter / arrogance f / vendeuse f / à l'égard de)

5. この発見がウソだとは本当に残念に思う。
   (regretter que / fort / découverte f / mensonge m)

解答
1. C'est dommage de ne pas profiter de la vie.
2. C'est dommage de quitter son pays natal.
3. C'est dommage que le match de base-ball soit annulé à cause de la pluie.
4. Je regrette l'arrogance de cette vendeuse à l'égard des clients.
5. Je regrette fort que cette découverte soit un mensonge.

40 〜が怖い、〜を恐れる、心配する

> avoir peur de ＋名詞／不定詞　〜が怖い、〜を心配する
> faire peur à ＋人　〜を怖がらせる
> Ça me fait peur ＋ de ＋不定詞　〜するのが怖い

　「〜が怖い」「〜しないか心配だ＝ひやひやする」といった恐怖や不安感を表すには、avoir peur で表現します。ほかに、être inquiet(ète)（〜が心配だ、不安だ）、je crains（〜を恐れる）といった表現もあります。
　faire peur は「〜を怖がらせる＝怖い」という気持ちを表す表現で、Ça me fait peur de ... という形でよく使われます。de の後に、怖い要因を入れます。

◆◆◆◆◆

・ゴキブリが怖い。
J'ai peur des cafards.

・最終電車に乗り遅れないかひやひやした。
J'ai eu peur de rater le dernier train.

・小さい頃、田舎の夜が怖かった。
À la campagne, la nuit me faisait peur quand j'étais petit(e).

・ジェットコースターに乗るのは怖い。
Ça me fait peur de monter dans les montagnes russes.

さっそく、フランス語で伝えてみましょう！

1. 虫が怖い。
   (avoir peur de / insecte m)

2. 彼氏に嫌われるのが怖い。
   (avoir peur de / déplaire à)

3. アポの時間に間に合わないのではとひやひやする。
   (avoir peur de / arriver à l'heure / rendez-vous m)

4. 夜、1人で帰るのは怖い。
   (ça me fait peur de / rentrer)

5. 飛行機に乗るのが怖い。
   (ça me fait peur de / prendre)

解答

1. J'ai peur des insectes.
2. J'ai peur de déplaire à mon ami.
3. J'ai peur de ne pas arriver à l'heure du rendez-vous.
4. Ça me fait peur de rentrer seul(e) la nuit.
5. Ça me fait peur de prendre l'avion.

[コラム① avoir を使ったさまざまな表現]

> avoir le temps de ＋ 不定詞　〜する時間がある
> avoir envie de ＋ 名詞／不定詞　〜したい、〜が欲しい
> avoir besoin de ＋ 名詞／不定詞　〜が必要だ、〜しなきゃ
> avoir du mal à　〜するのは難しい、〜するのは苦手だ

　avoir を使った表現は、avoir faim（お腹か空いた）、avoir soif（喉が乾いた）、avoir sommeil（眠たい）、avoir mal à（〜が痛い）などほかにもたくさんあります。ここでは、日常でよく使われる avoir を使ったさまざまな表現を見てみましょう。

◆◆◆◆◆

・今朝、朝食をとる時間がなかった。
Ce matin, Je n'ai pas eu le temps de prendre le petit déjeuner.

・出かける前にギリギリ携帯を充電する時間があった。
J'ai eu juste le temps de recharger mon portable avant de partir.

・日曜日は何もしたくない。
Le dimanche, j'ai envie de ne rien faire.

・iPad が欲しい。
J'ai envie d'un iPad.

・旅行に行くのにお金が必要だ。
J'ai besoin d'argent pour partir en voyage.

・美容院に行かなきゃ。
J'ai besoin d'aller chez le coiffeur.

・早起きするのは苦手だ。
J'ai du mal à me lever tôt.

Chapter 3
テーマ別単語・フレーズ集
［語彙・表現編］

[1. 朝（目覚め、身支度、朝食）]

目覚める	se réveiller
早起きをする	se lever tôt, se lever de bonne heure
寝坊をする	se lever tard, faire la grasse matinée
目覚ましをかける	mettre le réveil
顔を洗う	se laver le visage
髪を洗う	se laver les cheveux
髪の毛を乾かす	sécher les cheveux
髪を整える	se coiffer les cheveux
シャワーを浴びる	prendre une douche, se doucher
お化粧をする	se maquiller
ひげを剃る	se raser
歯を磨く	se brosser les dents
洋服を着る	s'habiller
身支度をする	se préparer
朝食をとる	prendre le petit déjeuner

- 今朝はいつもより30分遅く目が覚めた。
 Ce matin, je me suis réveillé(e) 30 minutes plus tard que d'habitude.

- 無意識に目覚ましを消していた。
 J'avais arrêté le réveil inconsciemment.

- 朝食は、パン、コーヒー、オレンジジュース、ヨーグルトを食べた。
 Pour le petit déjeuner, j'ai pris du pain, du café, un jus d'orange et un yaourt.

- 今朝は、シャワーを浴びる時間がなかった。
 Ce matin, je n'ai pas eu le temps de me doucher.

- 昨日は同僚と飲み過ぎて二日酔いだ。
 Hier soir, j'ai trop bu avec mes collègues, alors j'ai la gueule de bois.

【 2. 通勤・通学 】

電車に乗る	prendre le train
定期券	carte de transport f
乗車券自動販売機	distributeur de billets (de tickets) m
回数券	carnet de tickets m
Suica［PASMO］をチャージする	recharger la carte Suica [PASMO]
ラッシュアワー	heure de pointe f
駆け込み乗車をする	sauter dans le train
女性専用車に乗る	monter dans le wagon réservé aux femmes
人身事故	accident de voyageur m
電車に乗り遅れる	rater le train
終電に乗り遅れる	rater le dernier train
満員電車	train bondé m
交通渋滞	bouchon m, embouteillage m

・今朝は寝坊して、いつもの電車に乗り遅れた。
 Ce matin, je me suis levé(e) tard et j'ai raté mon train.

・いつもの電車に乗るために全速力で走った。
 J'ai couru à toute vitesse pour attraper mon train.

・電車が人身事故のため止まっていた。
 La circulation des trains a été suspendue à cause d'un accident de voyageur.

・終電に乗り遅れて、タクシーで帰った。
 Ayant raté le dernier train, je suis rentré(e) en taxi.

・電車で痴漢にあった。
 J'ai été embêtée (harcelée) par un pervers dans le train.

[3. 仕事・職場]

上司	supérieur m
部長	directeur (trice)
課長	chef de bureau (service)
社長	président directeur général m （略 P.D.G.）
同僚	collègue
顧客	client(e)
アポをとる	prendre rendez-vous
交渉する	négocier
納期を守る	respecter le délai
納期に遅れる	dépasser le délai
出張	voyage d'affaires m
新入社員	nouvel (nouvelle) employé(e)
残業する	faire des heures supplémentaires
有給	congés payés m pl
代休	congé compensatoire m
産休	congé de maternité m

・今朝、新企画のプレゼンをした。
　Ce matin, j'ai fait une présentation sur le nouveau projet.

・午前中はずっと打ち合わせが入っていた。
　J'ai passé toute la matinée en réunion.

・明日、部長と面接がある。
　J'ai un entretien avec mon directeur demain.

・今日は給料日（私の給料の振込日）だ。
　Aujourd'hui, c'est le jour de paye (le jour de versement de mon salaire).

・今日はできれば残業したくないなぁ。
　Je n'aimerais pas faire des heures supplémentaires aujourd'hui.

[4. 学校]

～の授業をとる	prendre (suivre) des cours de ～
前期試験	les examens du premier semestre m pl
中間試験	partiel m
留年する	redoubler
授業に出席する	assister au cours
授業をさぼる	sécher le cours
単位をとる	obtenir les unités d'enseignement, « UE »
サークル活動	activités parascolaires f pl
時間割	horaire des cours m
休み時間	récréation f, pause f
学食	resto-U m, cantine f
卒論を書く	rédiger son mémoire de master 1
就活をする	faire des démarches pour trouver un emploi

- 1限目の授業をさぼった。
  J'ai séché le premier cours.

- 今日は英語の授業は休講だった。
  Aujourd'hui, je n'ai pas eu de cours d'anglais.

- フランス語でいい成績をとった。
  J'ai eu de bonnes notes en français.

- 今晩は居酒屋でバイトがある。
  Ce soir, je fais un petit boulot dans un izakaya.

- 今は部活で忙しい。
  Je suis très pris(e) par mon activité parascolaire en ce moment.

- 就活を始めた。
  J'ai commencé à faire des démarches pour trouver un emploi.

[5. 家事]

洗濯をする	faire la lessive
皿洗いをする	faire la vaisselle
掃除をする	faire le ménage
アイロンがけをする	faire le repassage, repasser
乾燥機	sèche-linge m
電子レンジ	micro-onde m
部屋を掃除する	nettoyer une pièce
掃除機をかける	passer l'aspirateur
洗濯物を干す	étendre le linge
布団を干す	aérer (étendre) le futon (les futons)
洗濯物を片づける	ranger le linge
床を拭く	essuyer le sol
靴を磨く	cirer les chaussures
ゴミを出す	sortir la poubelle

- 今日は天気がよかったので、布団を干して、「大洗濯大会」をした。
  Comme il a fait beau aujourd'hui, j'ai aéré les futons à l'extérieur et fait une grande lessive.

- 先週クリーニング屋に出したジャケットを取りに行った。
  Je suis allé(e) chercher ma veste que j'avais portée au pressing la semaine dernière.

- 家中、めちゃくちゃ散らかっていた。
  C'était en désordre dans toutes les pièces.

- 明日は資源ゴミの回収日だ。
  Demain, c'est le jour de ramassage des ordures recyclables.

- バルコニーの植物に水を撒いた。
  J'ai arrosé les plantes sur le balcon.

[6. 食事]

食事の支度をする	préparer le repas
お料理を作る	faire la cuisine
テーブルを片づける	débarrasser la table
お弁当を作る	préparer un bento (un casse-croûte)
電子レンジで温め直す	réchauffer un plat au micro-onde
お米を研ぐ	laver le riz
炊飯器のスイッチを入れる	allumer l'autocuiseur de riz
皮をむく	éplucher
弱火で煮る	faire cuire (chauffer) à feu doux
中火で煮る	faire cuire (chauffer) à feu moyen
強火で煮る	faire cuire (chauffer) à feu vif
外食する	manger dehors
友人とランチする	déjeuner avec des amis
ランチメニューをとる	prendre le menu-déjeuner
出前をとる	demander une livraison de repas à domicile

- 今日は残業があったので、夕食はデパ地下でお総菜を買った。
 Aujourd'hui, j'ai fait des heures supplémentaires. J'ai donc acheté pour le dîner des plats cuisinés chez un traiteur au sous-sol d'un grand magasin.

- 昼食はコンビニで弁当を買った。
 Pour le déjeuner, j'ai acheté un casse-croûte à la supérette.

- ダイエットを始めたので、サラダだけで我慢した。
 Comme je me suis mis(e) au régime, je me suis contenté(e) de manger seulement de la salade.

- ランチは、エリとフレンチを食べた。
 J'ai déjeuné avec Eri dans un restaurant français.

- カレーをたくさん作りすぎたので、残りを冷凍しておいた。
 J'ai préparé tellement de curry que j'ai congelé les restes.

[7. 味]

おいしい	bon(ne) < très bon(ne) < délicieux(euse) < exquis(e)
まずい	pas bon(ne) < mauvais(e) < dégoûtant(e)
まあまあ	moyen(ne)
味気がない	fade, sans goût
新鮮な	frais (fraîche)
甘い	sucré(e)
塩辛い	salé(e)
辛い	piquant(e)（ピリ辛い）, épicé(e)（スパイシーな）
苦い	amer(ère)
酸っぱい	acide（レモンなど）, aigre（酢など）
甘酸っぱい	aigre-doux(ce)
脂っこい（重い）	gras(se), lourd(e)
さっぱりした	léger(ère)
風味がよい	savoureux(euse)
カリカリした	croquant(e)

- 洗練された料理だった。
  La cuisine était très raffinée.

- このワインはコクがあった。
  Ce vin avait du corps.

- この銀座のレストランはおいしかった。
  On a bien mangé dans ce restaurant de Ginza.

- 並んだかいがあった。料理は最高においしかった。
  Ça valait la peine de faire la queue. La cuisine était exquise.

- マキが肉じゃがを作ってくれた。すごくおいしかった。
  Maki m'a fait un « Nikujaga », c'était super bon !

[8. 睡眠]

寝返りをうつ	se retourner dans son lit
寝つきがよい	s'endormir vite
ぐっすり眠る（爆睡する）	dormir profondément, dormir à poings fermés
いびきをかく	ronfler
あくびをする	bâiller
不眠症に悩む	souffrir d'insomnie
徹夜する	passer une nuit blanche
徹夜で働く	travailler toute la nuit
夜更かしをする	se coucher tard
早寝をする	se coucher tôt, aller au lit de bonne heure
歯ぎしりをする	grincer des dents
夢を見る	rêver, faire un rêve
悪夢を見る	faire un cauchemar

・昨晩は、なかなか寝つけなかった。
Hier soir, j'ai eu du mal à m'endormir.

・ここ数日、寝不足だ。
Je manque de sommeil ces jours-ci.

・あまりにも疲れていたので、即眠ってしまった。
J'étais tellement fatigué(e) que je me suis endormi(e) tout de suite.

・暑さのせいで、よく眠れなかった。
J'ai mal dormi à cause de la chaleur.

・明日、6時に起床しないといけないので、遅くとも12時には寝たい。
Demain, je dois me lever à 6 heures, alors je voudrais me coucher au plus tard à minuit.

[9. 外出]

映画に行く	aller au cinéma
劇場に行く	aller au théâtre
コンサートに行く	aller au concert
オペラに行く	aller à l'opéra
美術館を訪れる	visiter le musée
絵画の展示会を見に行く	aller voir une exposition de peinture
一杯やる（飲む）	prendre un verre, prendre un pot
手相を見てもらいに行く	aller chez le chiromancien
〜とデートする	sortir avec 〜
友人の家に遊びに行く	aller chez un(e) ami(e)
〜の送別会に行く	aller à la fête de départ de 〜
同窓会に参加する	assister à la réunion des anciens élèves
結婚式に出席する	assister à la cérémonie de mariage
クラブへ行く	sortir en club, en boîte (de nuit)
カラオケに行く	aller au Karaoké
スポーツクラブに行く	aller au club de sport

- 今晩はヨシキと映画『エール！』を見に行く。
  Ce soir, je sors avec Yoshiki pour voir « La Famille Bélier ».

- 彼（彼女）とハチ公の前で19時に約束した。
  Je lui ai donné rendez-vous devant la statue du chien Hachiko à 19 heures.

- 伊勢丹で開催されていたフランス物産展に行ってきた。
  Je suis allé(e) à l'exposition de produits français qui se tenait au grand magasin Isétan.

- おしゃれをして、サチの披露宴に出席した。
  Je me suis fait belle pour assister au banquet de noces de Sachi.

10. ショッピング

ショッピングをする	faire des achats, faire du shopping
ネットで買う	acheter sur Internet, faire ses achats en ligne
ネットで価格を比較する	comparer les prix sur Internet
欲しい物リスト	liste d'envies f
買物かご	panier m
配送料	frais de livraison m pl
テレビ通販で〜を買う	acheter 〜 par télé-achat
分割払いで〜を買う	acheter 〜 à crédit
分割2回払い	payer en deux versements
特売で〜を買う	acheter 〜 en promotion
セールで〜を買う	acheter 〜 en solde
お買い得品	produits (articles) en promotion
貯めたポイントで買う	acheter avec ses points accumulés
クレジットカードで支払う	payer (régler) par carte de crédit

- このコートを冬のバーゲンで買った。
  J'ai acheté ce manteau lors des soldes d'hiver.

- ビックカメラでカメラの値段を値切って、まけてもらった。
  J'ai marchandé un appareil photo à Bic Camera et on m'a fait un prix.

- この靴を30%OFFで買った。
  J'ai acheté des chaussures avec une réduction de 30 %.

- アマゾンでビールを1ケース注文した。
  J'ai commandé un carton de bière sur Amazon.

- この電気かみそりを貯めたポイントで買った。
  J'ai acheté ce rasoir électrique avec les points que j'avais accumulés.

[11. 商品の値段]

高い	cher(ère)
安い	bon marché, pas cher(ère)
手ごろな値段	prix modéré m, prix raisonnable m
法外な値段	hors de prix
半額	à moitié prix
バーゲンの	en solde, soldé(e)
お買い得品の	en promotion
〜を値切る	marchander 〜
（値段を）まける	faire un prix

- 私には高すぎる。
  C'est trop cher pour moi.

- それは手ごろな値段だ。
  C'est un prix modéré.

- 手ごろな値段のホテルを見つけた。
  J'ai trouvé un hôtel à un prix modéré.

- このレストランは思ったより高かった。
  Ce restaurant était plus cher que je ne le pensais.

- 1つ100円だって、そりゃタダみたいだね。
  100 yens par pièce, c'est donné !

- このスカートは私にはかなり高い。
  Cette jupe est assez chère pour moi.

- まけてくれた。
  On m'a fait un prix.

[12. ファッション]

流行っている	être à la mode
流行を追う	suivre la mode
流行の洋服を着る	s'habiller à la mode
イケてる	être branché(e)
流行遅れだ	être démodé(e), être ringard(e)
ブランド服を着る	s'habiller en vêtements de marque
夏服［冬服］を着る	s'habiller en vêtements d'été [d'hiver]
いい服装をしている	être bien habillé(e)
趣味の悪い服装をしている	être mal habillé(e)
〜色の洋服を着る	s'habiller en 〜
品がある	avoir de la classe
〜は…と合う	〜 aller bien avec ...
〜に似合う	〜 aller bien à ＋ 人

- それはすごくトレンディーだ！
  C'est très « tendance » !

- 私は黒の洋服を着るのが好きだ。
  J'aime bien m'habiller en noir.

- 私はクロエの洋服を着てみたいなぁ。
  J'aimerais bien m'habiller chez Chloé.

- このブラウスはこのスカートによく合う。
  Ce chemisier va bien avec cette jupe.

- ラフだけどシックなワンピースを探している。
  Je cherche une robe décontractée mais chic.

- このバッグはまさに私のスタイルにぴったりだ。
  Ce sac est tout à fait mon style.

[13. 商品]

十分〜だ	C'est assez ＋ 形容詞
〜しすぎる	C'est trop ＋ 形容詞
すてき	chouette
きれい	beau(belle), joli(e)
かわいい	mignon(ne)
素晴らしい	magnifique, superbe
個性的だ	original(e)
エレガント	élégant(e)
洗練された	raffiné(e)
きたない	laid(e), moche
すごくひどい	affreux(se)
醜悪	vilain(e)
派手	voyant(e)
下品	vulgaire
平凡	banal(e)

- このジャケットはすごく気に入った。すごくトレンディーだ！
  Cette veste m'a beaucoup plu. Elle est très tendance !

- このスカートを試してみたけど、きつかった。
  J'ai essayé cette jupe mais elle est trop serrée.

- このテーブルはうちには大き過ぎると思う。
  Je crois que cette table est trop grande pour notre maison.

- このソファーはステキだけど、すご〜く高い！
  Ce canapé est magnifique mais coûte une fortune !

- 上司がつけているネクタイはひどい。彼はセンスが本当に悪い！
  La cravate que porte mon supérieur est horrible. Il n'a vraiment pas de goût !

[14. 鑑賞]

芝居を見る	voir une pièce
バレエを見る	voir un ballet
オペラを見る	voir un opéra
ミュージカルを見る	voir une comédie musicale
新聞の批評を読む	lire les critiques dans un journal
ネットでプログラムを見る	consulter le programme sur Internet
前売り券を買う	acheter son billet à l'avance
ネットで席を予約する	réserver sa place sur Internet
並ぶ	faire la queue
幕間、休憩時間	entracte m
拍手をする	applaudir

- 歌舞伎座に芝居を見に行った。
  Je suis allé(e) voir un spectacle au Kabuki-za.

- インターネットでフランス映画祭オープニング作品の前売り券を購入した。
  J'ai acheté à l'avance sur Internet mon billet du film d'ouverture du Festival du film français.

- Kバレエカンパニーのバレエを見に行き、熊川哲也のダンスに魅了された。
  Je suis allé(e) voir le ballet de K-BALLET company et j'ai été vraiment fasciné(e) par la danse de Testuya Kumakawa.

- ネットでこのミュージカルの批評を読んだら、見てみたくなった。
  En lisant les critiques de cette comédie musicale sur Internet, ça m'a donné envie de la voir.

- 今週公開になったばかりのフランソワ・オゾン監督の最新作の予告編を見た。悪くなさそうだ！
  J'ai vu la bande-annonce du dernier film de François Ozon qui vient de sortir cette semaine. Ça a l'air pas mal !

[15. 映画]

監督	réalisateur (trice)
上手い俳優	bon(ne) acteur(trice)
下手な俳優	mauvais(e) acteur(trice)
原題	titre original m
予告編	bande d'annonce f
最新作	dernier film m
字幕映画	film sous-titré m
吹き替え映画	film doublé m
〜の監督映画	film de + 監督名
〜出演の映画	film avec + 出演者名 m

・演出がすごくよかった。
　J'ai adoré la mise en scène.

・この映画は、かなりくだらない作品だと思った。
　J'ai trouvé ce film complètement nul.

・批評ほどよくなかった。
　Ce n'était pas aussi bien que la critique ne le disait.

・役者さんたちの演技は非常に素晴らしかったけれど、演出が気に入らなかった。
　Les comédiens ont joué remarquablement bien mais je n'ai pas aimé la mise en scène.

・この作品のマリオン・コティヤールの演技は本当に素晴らしい。
　Marion Cotillard est vraiment magnifique dans ce film.

・『彼は秘密の女ともだち』のロマン・デュリスの演技に圧倒された。
　J'ai été impressionné(e) par le jeu de Romain Duris dans « Une nouvelle amie ».

16. 銀行

銀行に行く	aller à la banque
ATM	distributeur automatique m
ATMでお金を下ろす	retirer (prendre) de l'argent au distributeur
1万円を入金する	déposer 10 000 yens
1万円を送金する（振り込む）	verser 10 000 yens
口座自動引き落とし	prélèvement automatique m
口座を開設する	ouvrir un compte
円からユーロに両替する	changer des yens contre des euros
手数料	commission f
通帳	livret bancaire m
キャッシュカード	carte bancaire f
暗証番号を入力する	composer le code secret (confidentiel)
パスワードを入力する	composer le mot de passe

・仕事の後、ATMに立ち寄ってお金を下ろそう。
Je vais passer au distributeur pour retirer de l'argent après le travail.

・月曜日までに、フランス語の受講料を振り込まなくてはいけない。
Je dois verser les frais de cours de français avant lundi.

・今日はレートがよかったので、次回の旅行のためにユーロを買った。
Comme le taux de change était très intéressant aujourd'hui, j'ai acheté des euros pour le prochain voyage.

・口座の残高が足りなかったので、引き落としができなかった。
Comme mon compte n'était pas assez alimenté, on ne pouvait pas faire de prélèvement automatique.

・先週変更した新しい暗証番号がどうしても思い出せなかった。
Je ne suis pas arrivé(e) à me souvenir de mon nouveau code que j'avais changé la semaine dernière.

17. 郵便・宅配便

郵便局に行く	aller à la poste
手紙を送る	envoyer (expédier) une lettre
絵はがきを送る	envoyer (expédier) une carte postale
小包を送る	envoyer (expédier) un paquet (un colis)
郵便為替	mandat postal ⓜ, mandat-poste ⓜ
速達で	en exprès
書留で	en recommandé
82円切手	un timbre à 82 yens
差出人	expéditeur(trice)
受取人	destinataire
郵便番号	code postal ⓜ
伝票に書き込む	remplir un bordereau

- 今朝、手紙を速達で送った。
  Ce matin, j'ai envoyé une lettre en exprès.

- 6カ月分の授業料を国際郵便為替で送金した。
  J'ai envoyé les frais de scolarité pour 6 mois par le mandat postal international.

- 明日の朝、宅急便に集荷を頼んだ。
  J'ai demandé au « Takkyubin » de venir chercher un colis chez moi, demain matin.

- 宅急便だと、1日で荷物は届く。
  Avec « Takkyubin », le colis arrive dans un délai d'un jour.

- アニメの特殊切手の10枚セットを購入した。
  J'ai acheté un carnet de timbres spéciaux de dessins animés.

[18. 天気]

晴れ	beau temps m, temps ensoleillé m
曇り	temps nuageux (couvert) m
晴れのち曇り	beau temps suivi de nuages m
曇り時々晴れ	temps nuageux avec quelques éclaircies m
雨［小雨］	pluie f ［pluie fine f］
にわか雨	averse f
豪雨	déluge m
風	vent m
台風	typhon m
雪	neige f
不安定な天気	temps instable m
猛暑	canicule f
虹	arc-en-ciel m
霜［朝霜］	gelée f ［gelées matinales f pl］

- 天気がいい（悪い / 湿気が多い / 乾燥している / 暑い / 寒い）。
  Il fait beau (mauvais / humide / sec / chaud / froid).

- 天気予報によると、午後には天気は回復するらしい。
  D'après la météo, le temps va s'arranger dans l'après-midi.

- 今朝は零度以下だった。
  Ce matin, il a fait au-dessous de zéro degré.

- 気温は 30 度を超えた。
  La température a dépassé les 30 degrés.

- 豪雨にあった。
  J'ai été surpris(e) par le déluge.

- 台風が関東地方に接近している。
  Le typhon s'approche de la région du Kanto.

[19. スポーツ]

スポーツをする	faire du sport
サッカー観戦する	voir un match de football
野球観戦する	voir un match de base-ball
相撲を見る	voir un tournoi de sumo
ジョギング	jogging m
水泳	natation f
アクアウォーキング	marche aquatique f
筋トレ	musculation (muscu) f
ヨガ	yoga m
テニス	tennis m
ウインドサーフィン	planche à voile f
ダイビング	plongée f

＊「〜のスポーツをする」は、faire du ＋ 男性名詞、faire de la ＋ 女性名詞を使い、球技の場合は、jouer au ＋ 男性名詞、jouer à la ＋ 女性名詞でも表現できます。

- 気持ちがよかった。
  Ça m'a fait du bien.

- 汗をたくさんかいた。
  J'ai beaucoup transpiré.

- へとへとになった。
  J'étais épuisé(e).

- 筋肉痛になった。
  J'ai des courbatures.

- 非常に面白い試合だった。本田は3ゴールを決め、チームを勝利へと導いた。
  C'était un match passionnant. Honda a mené son équipe à la victoire en marquant trois buts.

20. 美容

美容院に行く	aller chez le coiffeur
ネイルサロンに行く	aller au salon de manucure
エステサロンに行く	aller au salon d'esthétique (salon de beauté)
まつげエクステ	extension de cils f
まつげパーマ	permanente des cils f
カットしてもらう	se faire couper les cheveux
髪を染めてもらう	se faire teindre les cheveux
パーマをかけてもらう	se faire faire une permanente
ヘアースタイルを変える	changer de coiffure
白髪	cheveu blanc m
髪が抜ける	perdre ses cheveux
しみ	tache f
そばかす	tache de rousseur f
しわ	ride f

- 今日は美容院でカットの予約がある。
  Aujourd'hui, j'ai un rendez-vous pour une coupe chez le coiffeur.

- 最近白髪が多くなってきたので、髪の毛を染めてもらった。
  J'ai plus de cheveux blancs qu'avant, alors je me les suis fait teindre.

- ショートカットにしてみたいけど、私に似合うかなぁ？
  J'aimerais bien avoir les cheveux courts mais je me demande si ça m'irait.

- エクステをしたので、お化粧に時間がかからない。
  Comme je me suis fait faire une extension de cils, je mets moins de temps à me maquiller.

21. 健康・医療

風邪をひく	attraper un rhume
インフルエンザにかかる	attraper la grippe
〜の予防接種を受ける	se faire vacciner contre 〜
うがいをする	se faire des gargarismes (un gargarisme)
〜が痛い	avoir mal à ＋ 名詞
鼻水が垂れる	avoir le nez qui coule
親知らずを抜く	se faire enlever une dent de sagesse
くしゃみをする	éternuer
健康診断を受ける	passer un examen médical
内視鏡検査（胃カメラ検査）を受ける	passer une fibroscopie
結腸検査（大腸内視鏡検査）を受ける	passer une coloscopie
レントゲン検査を受ける	passer une radio
妊娠検査をする	faire un test de grossesse
歯のホワイトニングをする	se faire blanchir les dents
レーシックの手術を受ける	se faire opérer les yeux au laser
コンタクトレンズ	lentilles f pl

- 花粉のせいで鼻水が垂れてくる。
  J'ai le nez qui coule à cause du pollen.

- 来週、健康診断を受けなくてはいけない。
  J'ai un examen médical à passer la semaine prochaine.

- 胃カメラ検査の予約を7月14日にとった。
  J'ai pris un rendez-vous pour le 14 juillet afin de passer une fibroscopie.

- 歯のホワイトニングをした。
  Je me suis fait blanchir les dents.

- レーシックの手術を受けることを決めた。
  Je me suis décidé(e) à me faire opérer au laser LASIK.

[22. 習い事・趣味]

〜を習う	apprendre 〜
〜することを習う	apprendre à + 不定詞
〜のレッスンを受ける	suivre le cours de 〜
ピアノ	piano m
ギター	guitare f
ダンス [ハワイアンダンス]	danse f [danse hawaïenne f]
社交ダンス	danse de salon f
ゴルフ	golf m
料理	cuisine f
お菓子	pâtisserie f
編み物	tricot m
刺繍	broderie f
シャンソン	chanson f
着付け	habillage du kimono m
フラワーアレンジメント	arrangement floral m
茶道	cérémonie du thé f
パソコン	informatique f

・料理が下手なので、料理教室に通い始めた。
 Comme je suis nul(le) en cuisine, j'ai commencé à suivre des cours.

・社内のゴルフ大会で高スコアを出すために隠れてゴルフを習っている。
 J'apprends le golf en cachette pour faire un bon score lors de la compétition de l'entreprise.

・次回のヨーロッパ旅行前にイタリア語も習いたい。
 J'aimerais aussi apprendre l'italien avant mon prochain voyage en Europe.

[23. 旅行]

パックツアー	voyage organisé m
世界一周旅行	voyage autour du monde m
新婚旅行	voyage de noces m, lune de miel f
卒業旅行	voyage de fin d'études m
社員旅行	voyage entre collègues m
家族旅行する	voyager en famille m
航空券の予約をする	réserver un billet d'avion
ホテルの予約をネットでする	réserver l'hôtel sur Internet
食べ歩きツアー	voyage gastronomique m
観光をする	faire du tourisme
世界遺産を巡る	visiter les patrimoines mondiales
温泉に行く	aller à la station thermale

- インターネットで手ごろな値段のホテルを見つけた。
 J'ai trouvé un hôtel à un prix raisonnable sur internet.

- 週末は家族でちょっと温泉に行ってきた。露天風呂は気持ちがよかった。
 Ce week-end, on a fait un petit voyage en famille dans une station thermale. Ça nous a fait du bien de prendre un bain en plein air.

- エッフェル搭にのぼりたかったけれど、長蛇の列だった。
 J'aurais voulu monter à la Tour Eiffel mais il y avait une énorme queue.

- セーヌ川クルーズをして、とても楽しかった。
 J'ai fait une promenade en bateau sur la Seine, c'était très bien.

- 旅の最初の2日間は、時差でよく眠れなかった。きつかった！
 Les deux premiers jours du voyage, je ne suis pas arrivé(e) à bien dormir à cause du décalage horaire. C'était dur !

24. ニュース・出来事

殺人事件	meurtre m
暗殺	assassinat m
誘拐	enlèvement m
地震	tremblement de terre m, séisme m
放火	incendie criminel m
振り込め詐欺	escroquerie au virement bancaire f
テロ	attentat m
人質の奪取	prise d'otage f
デモ	manifestation f
ストライキ	grève f
玉突き事故	carambolage m
いじめにあう	se faire brimer, recevoir « des brimades »
ストーカー	rôdeur(se), traqueur(se)
急速な円高（円安）	hausse (baisse) rapide du yen
電撃結婚	mariage-surprise m, mariage foudroyant m

- 学校でのいじめによる自殺が問題視されている。
  Les suicides causés par les brimades dans les établissements scolaires font souvent l'objet de débat.

- パリでテロ事件が起きた。フランス旅行が少し心配だ。
  Il y a eu un attentat à Paris. Ça m'a fait un peu peur de voyager en France.

- 今朝、高速道路で起きた玉突き事故の影響で、約10キロにわたり交通渋滞している。
  La circulation est paralysée sur près de 10 km à cause d'un carambolage qui s'est produit ce matin sur l'autoroute.

- 震度3の地震が関東地方で発生した。
  Un tremblement de terre de degré 3 s'est produit dans la région du Kanto.

25. パソコン・携帯電話

デスクトップ	ordinateur fixe m, ordinateur de bureau m
ノートパソコン	ordinateur portable m
マウス	souris f
プリンター	imprimante f
CDに焼く	graver sur CD
保存する	sauvegarder
スリープにする	mettre en veille
ダウンロードする	télécharger
同期する	synchroniser
充電する	recharger la batterie
タブレット	tablette f
携帯電話	portable m
スマートフォン	smartphone m
圏外	hors de portée (hors du réseau)

- 昨日、新型 iPad Air を買った。薄くて便利だ。
  Hier, je me suis acheté un nouvel iPad Air. Il est très léger et pratique.

- 数日前から私のパソコンの調子が悪い。
  Mon ordinateur ne marche pas bien depuis quelques jours.

- iTunes でジルベール・ベコーの曲をダウンロードした。
  J'ai téléchargé une chanson de Gilbert Bécaud sur iTunes.

- 毎晩、iPhone とパソコンを同期している。
  Tous les soirs, je synchronise mon iPhone avec mon ordinateur.

- 携帯の充電をするのを忘れてしまった。もうバッテリーがない。
  J'ai oublié de recharger mon portable, il n'a plus de batterie.

[26. ネット]

ネットサーフィンをする	naviguer sur Internet
サイトを見る	consulter un site
ソーシャルネットワーク	réseaux sociaux m pl
スカイプ［ライン］で連絡をとる	communiquer par Skype [Line]
チャットをする	tchatter, chatter
Twitter に登録する	s'inscrire sur Twitter
〜に…を投稿する	publier ... sur 〜
フォローする	suivre
パスワード	mot de passe m
ログイン	connexion f
友達を検索	retrouver des amis
Facebook のページを作成する	créer une page Facebook
Twitter にメッセージを書く	écrire un message sur Twitter

- ヨシキがバカンスの写真を Facebook にアップしたので、「いいね！」をクリックした。
  Yoshiki a publié les photos de ses vacances sur sa page Facebook, alors j'ai cliqué sur « J'aime ! ».

- 6 カ月前に作成した Twitter のフォロワーが 2,000 人を超えた。
  Il y a 6 mois, j'ai créé ma page Twitter dont le nombre d'abonnés a atteint plus de 2 000 personnes.

- 友達とラインでチャットをした。
  J'ai tchatté avec des amis sur Line.

- フランス人の友達をつくるために、Facebook のプロフィールをフランス語で書いてみた。
  J'ai écrit mon profil en français sur Facebook pour avoir des amis français.

27. 年中行事（1月〜6月）

お正月	le nouvel an
元日	le jour de l'an
正月三が日	les trois jours du nouvel an
正月休み	congé m (vacances f pl) du nouvel an
初詣	la première visite au temple (au sanctuaire)
新年会	fête de nouvel an f
バレンタイン	la Saint-Valentin
ひな祭り	fête des poupées f
卒業式	cérémonie de remise des diplômes f
花見に行く	aller admirer les cerisiers en fleurs
新学期	rentrée scolaire f
入学式	cérémonie d'entrée des élèves (des étudiants) f
入社式	cérémonie pour accueillir des nouveaux employés f
ゴールデンウィーク	la « Golden week »

- 元旦は家族で初詣に明治神宮へ行った。長蛇の列ができていて、参拝までに1時間以上もかかった。
Le jour de l'an, j'ai fait la première visite au temple Meiji en famille. Il y avait tellement de queue qu'on a mis plus d'une heure pour l'atteindre et prier.

- 昨年はついてなかったので、あらゆる種類のお守りを買った。「幸多き年になりますように！」
Comme je n'ai pas eu de chance l'année dernière, je me suis acheté toutes sortes de porte-bonheur. « Que cette nouvelle année soit remplie de bonheur ! »

- 今年の桜の開花は例年より、10日早かった。
Cette année, les cerisiers sont en fleurs 10 jours plus tôt que les autres années.

28. 年中行事（7月〜12月）

花火大会	soirée de feux d'artifice f
盆踊り大会	fête dansante f
お盆	« Obon » (la fête des morts)
紅葉を見に行く	aller voir les feuillages d'automne
運動会（体育祭）	fête du sport f
クリスマス	Noël m
クリスマスツリー	sapin de Noël m
サンタクロース	Père Noël m
忘年会	fête de fin d'année f
大晦日	le dernier jour de l'année
カウントダウンパーティー	réveillon de la Saint-Sylvestre m

- 隅田川の花火大会に行った。
  Je suis allé(e) voir le feu d'artifice sur les bords de la rivière Sumida.

- お盆休みに実家に帰った。渋滞を避けるために、朝早く出発した。
  Je suis rentré(e) chez mes parents pour « Obon ». Je suis parti(e) de bonne heure pour éviter les éventuels embouteillages.

- お盆には帰省する予定だ。両親が孫の顔を見るのを待ちわびている。
  Pour « Obon », je compte retourner dans mon pays. Mes parents sont impatients de voir leurs petits-enfants.

- 街路樹が紅葉を始めて、秋の気配を感じる。
  Les feuilles des arbres de la rue commencent à jaunir et rougir. Ça nous fait sentir l'automne.

- 街はイルミネーションが灯り、クリスマスの雰囲気に包まれている。
  La ville est illuminée, enveloppée de l'atmosphère de Noël.

[29. 家族]

家族を養う	entretenir sa famille
家族をもつ	avoir une famille, fonder une famille
子どもを育てる	élever son enfant
大家族	grande famille, famille nombreuse
子をもつ父親（母親）	père (mère) de famille
夫（妻）	mari (femme)
長男（長女）	fils aîné (fille aînée)
次男（次女）	deuxième fils (deuxième fille)
末っ子	fils cadet (fille cadette)
父方の親戚	parent(e) paternel(le)
母方の親戚	parent(e) maternel(le)
遠い親戚	parent(e) éloigné(e)
近い親戚	parent(e) proche
子どもに甘い親	parents trop indulgents avec leur enfant
甘やかされた子ども	enfant gâté(e)
亭主関白	mari macho, mari autoritaire
浮気夫（妻）	mari infidèle (femme infidèle)

- 家は4人家族です。銀行員の父、専業主婦の母、学生の妹と私は会社員です。
  Nous sommes une famille composée de quatre personnes : le père banquier, la mère femme au foyer, la petite sœur étudiante et moi, employé(e) de bureau.

- 我が家はかかあ天下だ。
  C'est ma femme qui porte la culotte chez moi.

- 夫はマザコンで、なんでも姑に報告している。
  Mon mari est trop attaché à sa mère, il lui raconte tout.

- ポールはもう25歳だが、いまだに親のすねをかじって生活している。
  Paul a déjà 25 ans, mais il vit toujours aux crochets de ses parents.

30. 友達・恋

〜と友達になる	devenir ami(e) avec 〜
〜と親しい	être très ami(e) avec 〜
恋に落ちる	tomber amoureux(se) de 〜
恋をしている	être amoureux(se) de 〜
運命の人に出会う	rencontrer l'homme (la femme) de ma vie
一目惚れする	avoir le coup de foudre pour 〜
昔からの友達	vieil ami (vieille amie)
旧友	ancien ami (ancienne amie)
恋人	petit(e) ami(e)
幼なじみ	ami(e) d'enfance
学友	camarade de classe
元カレ	ex-petit ami, ex-copain, mon ex
元カノ	ex-petite amie, ex-copine, mon ex

- 合コンでマキを見て一目惚れした。
  Quand j'ai vu Maki à la « soirée rencontre en groupe », j'ai eu tout de suite le coup de foudre.

- エリとはとても親しい。
  Je suis très ami(e) avec Eri.

- マキとはポールの誕生会で出会い、すぐに友達になった。
  J'ai rencontré Maki à la fête d'anniversaire de Paul et nous sommes tout de suite devenues amies.

- 昨日、元カレのトオルに偶然渋谷で会った。
  Hier, j'ai rencontré par hasard Toru, mon ex-copain, à Shibuya.

- ポールは幼なじみで、15年以上知っている。
  Paul est mon ami d'enfance, je le connais depuis plus de 15 ans.

[コラム② 外見、性格を表す être / avoir l'air ＋ 形容詞]

「～は…だ」は、être ＋形容詞、「～は…のようだ」は、avoir l'air ＋ 形容詞で、いずれも下記の形容詞をつけて表現できます。「～な人だ」には、quelqu'un de ＋形容詞の男性単数を使います。

イケメン	beau	ブサイク	moche, laid
美人	belle (jolie)	ブス	moche, laide
かわいい	mignon(ne)	—	
やせた	maigre	デブ	gros(se)
スリム	mince	体格のよい	fort(e)
真面目	sérieux(euse)	怠け者	paresseux(euse)
優しい	gentil(le)	いじわる	méchant(e)
甘い	indulgent(e)	厳しい	sévère, dur(e)
感じいい	sympathique, agréable	感じの悪い	désagréable
頭がいい	intelligent(e)	バカ	bête, idiot(e)
気前がいい	généreux(euse)	ケチ	avare, radin(e)
温かい	chaleureux(se)	冷たい	froid(e)
落ちついた	calme	神経質な	nerveux(se)
柔軟な	souple	頑固	têtu(e)
礼儀正しい	poli(e)	無礼	impoli(e)
控えめな	modeste	うぬぼれた	prétentieux(se)
気さくな	facile	気難しい	difficile
内気な	timide	大胆な	audacieux(euse)

・彼女はすごくわがままそうだ。
 Elle a l'air très capricieuse.

・ポールはとても前向きな人だ。
 Paul est quelqu'un de très positif.

・私の上司は気難しい人だ。
 Mon supérieur est quelqu'un de difficile.

Chapter 4

文章を作ってみよう
[ドリル編]

1. 朝

STEP 1　STEP 2　STEP 3

まずは簡単な文を作ってみましょう。

＊この Chapter の書き手は女性の設定です。

1　昨晩は、遅く帰ってきた。

2　昨晩は、友人たちと飲み過ぎた。

3　（私の）目覚ましをかけるのを忘れた。

4　今朝は、遅く起きた。

5　食欲がなかった。

解答欄

1. _____

2. _____

3. _____

4. _____

5. _____

ヒント

遅く帰る　**rentrer tard**

飲み過ぎる　**boire trop**

遅く起きる、目が覚める　**se réveiller tard**

〜をするのを忘れる　**oublier de** + 不定詞

目覚ましをかける　**mettre son réveil**

食欲がある　**avoir de l'appétit**

1. 朝　STEP 1　解答例

1. Hier soir, je suis rentrée tard.
2. Hier soir, j'ai trop bu avec mes amis.
3. J'ai oublié de mettre mon réveil.
4. Ce matin, je me suis réveillée tard.
5. Je n'avais pas d'appétit.

STEP 1　STEP 2　STEP 3

短文をふくらませてみましょう。

1. 昨晩は合コンがあり、12時過ぎに帰ってきた。
2. 友人たちと飲み過ぎ、(それで) 二日酔いだった。
3. (私の) 目覚ましをかけるのをすっかり忘れた。
4. 今朝は、いつもより30分遅く起きた。
5. 食欲がなかったので、コーヒーだけにした。

解答欄

1. _____

2. _____

3. _____

4. _____

5. _____

ヒント

〜がある　**il y a 〜**

合コン　**« soirée rencontre en groupe »** f

〜過ぎ、〜の後　**après 〜**

それで、だから　**alors**

二日酔い　**avoir la gueule de bois**

すっかり、完全に　**complètement**

…より〜遅く　**〜 plus tard que …**

いつも、ふだん　**d'habitude**

だから、したがって　**donc**

〜だけ　**seulement**

1. 朝　STEP 2　解答例

1　Hier soir, il y a eu une « soirée rencontre en groupe » et je suis rentrée après minuit.
2　J'ai trop bu avec mes amis alors j'avais la gueule de bois.
3　J'ai complètement oublié de mettre mon réveil.
4　Ce matin, je me suis réveillée 30 minutes plus tard que d'habitude.
5　Je n'avais pas d'appétit, donc j'ai pris seulement un café.

STEP 1　STEP 2　**STEP 3**

文をつなげて１つにしてみましょう。

　昨晩は、合コンがありました。とても素晴らしい夕べで、すごく楽しかったけれど、飲み過ぎてしまいました。帰宅したのは12時過ぎでした。すごく酔っぱらっていたので、目覚しをかけるのをすっかり忘れてしまいました。それで、今朝はいつもより30分遅く起きてしまいました。二日酔いであまり食欲がなかったのでコーヒーだけにしました。

解答欄

ヒント

～を過ごす　passer
夕べ　soirée ⓕ
素晴らしい　agréable
楽しむ　s'amuser
すごく～なので…だ　tellement ～ que ...
酔っぱらった　ivre
～するのを忘れる　oublier de + 不定詞（大過去）
あまり　tellement

STEP3 解答例は 202 ページ

2. 出勤

STEP 1

まずは簡単な文を作ってみましょう。

1　いつもの電車に乗るために走った。

2　駅に着いた。

3　電車（の運行）が止まっていた。

4　（私の）会社に電話をした。

5　今朝は会議があった。

解答欄

1. _____

2. _____

3. _____

4. _____

5. _____

Chapter 4 文章を作ってみよう（ドリル編）

ヒント

走る　courir
いつもの電車に乗る　attraper son train
〜に着く　arriver à 〜
電車の運行　la circulation des trains
止まっている　être suspendu(e)
会社、オフィス　bureau m
会議がある　avoir une réunion

2. 出勤　STEP1　解答例

1　J'ai couru pour attraper mon train.
2　Je suis arrivée à la gare.
3　La circulation des trains était suspendue.
4　J'ai téléphoné à mon bureau.
5　J'avais une réunion ce matin.

STEP 2

短文をふくらませてみましょう。

1　いつもの電車に乗るために全速力で走った。

2　駅に着いたら、電車の運行が止まっていた。

3　会社に連絡するために電話をした。

4　今朝はプレゼンをしなくてはいけなかったので、会議の前に着きたかった。

5　会議に遅れるのはまずかった。

解答欄

1. _____

2. _____

3. _____

4. _____

5. _____

ヒント

全速力で　**à toute vitesse**

〜に連絡する、知らせる　**prévenir**

〜なので（理由）　**comme**

〜すべき…がある　**avoir ... à** ＋ 不定詞

プレゼン　**présentation** (f)

〜したい　**vouloir** ＋ 不定詞

〜の前　**avant**

〜するのはまずい（困る）　**ça m'embête de** ＋ 不定詞

遅れる、遅れて着く　**arriver en retard**

2. 出勤　STEP2 解答例

1　J'ai couru à toute vitesse pour attraper mon train.
2　Quand je suis arrivée à la gare, la circulation des trains était suspendue.
3　J'ai téléphoné à mon bureau pour prévenir.
4　Comme j'avais une présentation à faire ce matin, je voulais arriver avant la réunion.
5　Ça m'embêtait d'arriver en retard à la réunion.

STEP 1　**STEP 2**　**STEP 3**

> 文をつなげて1つにしてみましょう。

　あわてて身支度をして、いつもの電車に乗るために全速力で走りました。しかし、駅に着いたら、電車の運行が人身事故のために止まっていました。ですので、会社に遅刻の連絡をするために電話をしました。今朝は10時にプレゼンをしなくてはいけなく、会議の前までにどうしても着きたかったのです。やっぱり会議に遅れるのはまずかったのでね。

解答欄

Chapter 4 文章を作ってみよう（ドリル編）

ヒント

身支度をする　**se préparer**

あわてて、急いで　**rapidement**

〜のため、〜のせいで　**à cause de** + 名詞

人身事故　**accident de voyageur** ⓜ

ですので　**alors**

〜に…を連絡する、知らせる　**prévenir 〜 de …**

遅刻　**retard** ⓜ

どうしても　**absolument**

やっぱり　**quand même**

STEP3 解答例は 202 ページ

3. 会社で

STEP 1 STEP 2 STEP 3

まずは簡単な文を作ってみましょう。

1 電車の運転が再開する。

2 会議が始まろうとしていた。

3 （私の）パワーポイントの書類をコピーした。

4 あがってしまった。

5 私の上司はその企画は面白いと思ってくれた。

解答欄

1. _____

2. _____

3. _____

4. _____

5. _____

ヒント

電車の運行　**la circulation des trains**

〜が再開する　**〜 reprendre**

会議　**réunion** f

〜しようとしていた　**être sur le point de** + 不定詞

〜をコピーする　**copier 〜**

パワーポイントの書類　**document PowerPoint** m

あがる　**avoir le trac**

上司　**supérieur** m

〜を…と思う　**trouver 〜** + 形容詞

企画　**projet** m

3. 会社で　STEP1 解答例

1　La circulation des trains reprend.
2　La réunion était sur le point de commencer.
3　J'ai copié mon document PowerPoint.
4　J'ai eu le trac.
5　Mon supérieur a trouvé ce projet intéressant.

短文をふくらませてみましょう。

1　30分しか電車の運転が再開するまでにかからなかった。

2　会社に着いたら、会議が始まるところだった。

3　パワーポイントの書類を急いでUSBメモリーにコピーした。

4　プレゼンしたときにあがった。

5　上司はその企画は面白いと思ってくれ、満足げだった。

解答欄

1 _____

2 _____

3 _____

4 _____

5 _____

ヒント

（〜時間）しかかからない　**ça ne prend que 〜**
〜するために　**pour que** ＋ 接続法
〜が再開する　**〜 reprendre**
〜を…にコピーする　**copier 〜 sur ...**
急いで　**rapidement**
USB メモリー　**clé USB** f
プレゼンをする　**faire l'exposé**
〜のようだ　**avoir l'air** ＋ 形容詞

Chapter 4

文章を作ってみよう（ドリル編）

3. 会社で　STEP2 解答例

1. Ça n'a pris qu'une demi-heure pour que la circulation des trains reprenne.
2. Quand je suis arrivée au bureau, la réunion était sur le point de commencer.
3. J'ai copié rapidement mon document PowerPoint sur la clé USB.
4. J'ai eu le trac quand j'ai fait l'exposé.
5. Mon supérieur a trouvé ce projet intéressant et il avait l'air satisfait.

STEP 1　**STEP 2**　**STEP 3**

文をつなげて1つにしてみましょう。

　幸いにも、30分しか電車の運転が再開するまでにかかりませんでした。会社に着いたら、会議が始まるところでした。パワーポイントの書類を急いでUSBメモリーにコピーして、あわてて会議室に行きました。プレゼンのときにあがってしまいましたが、私の新企画のプレゼンはとてもうまくいきました。上司はその企画（それ）を面白いと思ってくれ、満足げでした。ほっとしたなぁ。（ほっとしていた）

解答欄

ヒント

幸いにも　heureusement
あわてて行く、突進する　se précipiter
会議室　salle de réunion (f)
〜についてのプレゼン　présentation (f) sur 〜
うまくいく　se passer bien
ほっとする　être soulagé(e)

STEP3 解答例は 203 ページ

Chapter 4 　文章を作ってみよう（ドリル編）

4. ランチ

STEP 1

まずは簡単な文を作ってみましょう。

1　メールに返信した。

2　その仕事を終えた。

3　エリとフレンチレストランに行った。

4　少し高くついてしまった。

5　このレストランはよかった。（～に満足していた）

解答欄

1. ___

2. ___

3. ___

4. ___

5. ___

ヒント

メールに返信する　répondre à des mails
〜を終える　finir + 名詞
レストランに行く　aller au restaurant
〜がかかる　ça coûte 〜
〜に満足している　être content(e) de 〜

4. ランチ　STEP1　解答例

1　J'ai répondu à des mails.
2　J'ai fini ce travail.
3　Je suis allée au restaurant français avec Eri.
4　Ça coûtait un peu cher.
5　J'étais contente de ce restaurant.

STEP 1　STEP 2　STEP 3

短文をふくらませてみましょう。

1　クライアントのメールに返信した。

2　その仕事を終えたら、もう12時だった。

3　お昼はエリとフレンチレストランに行った。

4　少し高くついてしまったけど、料理はとてもおいしかった。

5　このレストランはとてもよかったから、また（そこに）行こうと思います。（中性代名詞）

解答欄

1.
2.
3.
4.
5.

Chapter 4 文章を作ってみよう（ドリル編）

ヒント

クライアント　client(e)
〜を終えたら　après avoir fini
お昼は　pour le déjeuner
料理　cuisine f
とてもおいしい　exquis(e)
〜しようかと思っている　compter + 不定詞
また行く　retourner

4. ランチ　STEP2 解答例

1　J'ai répondu à des mails de clients.
2　Après avoir fini ce travail, il était déjà midi.
3　Pour le déjeuner, je suis allée au restaurant français avec Eri.
4　Ça coûtait un peu cher mais la cuisine était exquise.
5　J'étais très contente de ce restaurant et je compte y retourner.

STEP 1　STEP 2　**STEP 3**

文をつなげて 1 つにしてみましょう。

　会議の後、私はクライアントのメールに返信しました。終わったらもう 12 時でした。おなかがペコペコだった！　お昼はエリとフレンチレストランに行きました、給料日でしたからね！　ちょっと高くついたけれど、お料理はとてもおいしかったです。このレストランはとてもよかったから、ぜひ、また行きたいと思います。

解答欄

ヒント

〜の後　suite à 〜
おなかが空いた　avoir faim
〜なのだから　puisque
給料日　le jour de paye

STEP3　解答例は 203 ページ

Chapter 4　文章を作ってみよう（ドリル編）

5. 休暇をとる

STEP 1 STEP 2 STEP 3

まずは簡単な文を作ってみましょう。

1 2週間の休暇を（私の）上司に申請した。

2 彼はとても驚いていた。

3 フランス語の授業を受けるつもりだ。

4 フランス語でうまく自分の言いたいことが言える。

5 それは仕事に必要だ。（中性代名詞）

解答欄

1. _____

2. _____

3. _____

4. _____

5. _____

ヒント

申請する　demander

（〜期間）の休暇　〜 de congé **m**

上司　supérieur **m**

驚いている　être étonné(e)

〜するつもりだ　avoir l'intention de ＋ 不定詞

〜を受ける、受講する　suivre 〜

フランス語の授業　cours de français **m**

自分の言いたいことを言う　s'exprimer

〜は必要だ　avoir besoin de 〜

5. 休暇をとる　STEP1 解答例

1. J'ai demandé deux semaines de congés à mon supérieur.
2. Il était très étonné.
3. J'ai l'intention de suivre un cours de français.
4. Je m'exprime bien en français.
5. J'en ai besoin pour mon travail.

短文をふくらませてみましょう。

1. 上司の機嫌がよかったので、私は彼に2週間の休暇を申請した。

2. 彼は、私のこれほど長い休暇の申請にとても驚いていた。

3. 2週間のフランス語の集中コース受けるつもりだ。

4. フランス語でうまく自分の言いたいことが言えるようになりたいなぁ。

5. フランス人のクライアントと交渉するために（それが）必要だ。（中性代名詞）

解答欄

1 _____

2 _____

3 _____

4 _____

5 _____

ヒント

〜なので（理由）　comme

機嫌がよい　être de bonne humeur

〜に驚く　être étonné(e) de 〜

〜の申請　demande pour 〜 f

これほど長い　aussi long

集中コース　cours intensif m

〜したいなぁ　j'aimerais ＋ 不定詞

〜できる　arriver à ＋ 不定詞

〜のために…が必要だ　avoir besoin de ... pour 〜

〜と交渉する　négocier avec 〜

クライアント　client(e)

Chapter 4
文章を作ってみよう（ドリル編）

5. 休暇をとる　STEP2 解答例

1　Comme mon supérieur était de bonne humeur, je lui ai demandé deux semaines de congés.
2　Il était très étonné de ma demande pour des congés aussi longs.
3　J'ai l'intention de suivre deux semaines de cours intensifs de français.
4　J'aimerais arriver à bien m'exprimer en français.
5　J'en ai besoin pour négocier avec les clients français.

STEP 3

文をつなげて1つにしてみましょう。

　午後は、上司の機嫌がよかったので、それに乗じて彼に2週間の休暇の申請をしてみました。彼は私のこれほど長い休暇の申請にとても驚いていました。休暇を（それを）承諾してくれるといいなぁ。というのも、パリの語学学校で2週間のフランス語の集中コースを受けるつもりなんです。フランス語でうまく自分の言いたいことが言えるようになりたいなぁ。語学をよく身につけるために大切なのは、（私が）どっぷりつかることです。フランス人のクライアントと交渉するために（それが）必要なんです。

解答欄

ヒント

〜に乗じて… する　profiter de 〜 pour ＋ 不定詞（「それに」を中性代名詞で）

〜だといいなぁ　espérer que ＋ 直説法

承諾する　accepter（近接未来）（「それを」を人称代名詞で）

というのも　en effet

〜なのは、…をすることだ　ce qui est 〜 c'est de ＋ 不定詞

どっぷりつかる　se mettre dans le bain

語学を身につける　connaître la langue

STEP3 解答例は 204 ページ

6. 仕事帰り

STEP 1 STEP 2 STEP 3

まずは簡単な文を作ってみましょう。

1　仕事を6時30分に終えた。

2　ATMに立ち寄った。

3　デパートに行った。

4　私は料理をするのが面倒だった。

5　ほとんどの食品は半額だ。

解答欄

1. ___

2. ___

3. ___

4. ___

5. ___

ヒント

～を終える　**terminer**

～に立ち寄る　**passer à ～**

ATM　**distributeur** m, **distributeur bancaire** m

デパート　**grand magasin** m

私は～するのが面倒だ　**ça m'ennuie de** + 不定詞

料理をする　**faire la cuisine**

ほとんどの、大半の　**la plupart de** + 複数名詞

食料品　**produit alimentaire** m

半額の値段　**à moitié prix**

6. 仕事帰り　STEP1　解答例

1. J'ai terminé le travail à 6 heures 30.
2. Je suis passée au distributeur (bancaire).
3. Je suis allée au grand magasin.
4. Ça m'ennuyait de faire la cuisine.
5. La plupart des produits alimentaires sont à moitié prix.

短文をふくらませてみましょう。

1. 仕事を6時30分に終えた。へとへとだった。
2. お金を下ろしにATMに立ち寄った。
3. お総菜を買うためにデパートに行った。
4. 疲れていたので、料理をするのは面倒だった。
5. ほとんどの食品が半額になっているので、食品売り場に立ち寄るのはお得だ。

解答欄

1 _____

2 _____

3 _____

4 _____

5 _____

ヒント

へとへとだ、疲れ果てる　être épuisé(e)
お金を下ろす　retirer de l'argent
お総菜　plat cuisiné m
〜なので　car
疲れている　être fatigué(e)
〜するのはお得だ　c'est intéressant de 〜
食品売り場　rayon alimentaire m

6. 仕事帰り　STEP 2　解答例

1. J'ai terminé le travail à 6 heures 30. J'étais épuisée.
2. Je suis passée au distributeur pour retirer de l'argent.
3. Je suis allée au grand magasin pour acheter des plats cuisinés.
4. Ça m'ennuyait de faire la cuisine car j'étais fatiguée.
5. C'est très intéressant de passer au rayon alimentaire car la plupart des produits sont à moitié prix.

STEP 1　**STEP 2**　**STEP 3**

文をつなげて１つにしてみましょう。

　私は仕事を6時30分に終えました。もう少し仕事したかったのですが、へとへとでした。オフィスを出て、お金を下ろすためにATMに立ち寄りました。金曜日だったので、長蛇の列ができていました。そして、お総菜を買うためにデパートへ行きました。金曜の夜に料理をするのは面倒だったし、それに料理は得意ではありません。ほとんどの食品が閉店30分前には半額になるので、この時間に食品売り場に立ち寄るのはとてもお得です。

解答欄

ヒント

〜したかった　j'aurais voulu ＋ 不定詞

もう少し　un peu plus

〜を出たときに　à la sortie de 〜

〜なので（理由）　comme

列、行列　queue f

〜の前に　devant

そして　ensuite

それに　et puis

〜は得意ではない　ne pas être bon(ne) en 〜

この時間に　à cette heure-ci

〜なので　car

閉店〜分前　〜 minutes avant la fermeture

STEP 3 解答例は 204 ページ

7. 帰宅後

STEP 1 STEP 2 STEP 3

まずは簡単な文を作ってみましょう。

1 メールをチェックした。

2 ヨシキからメールが来ていた。

3 彼は土曜日の晩に私とデートをしたい。（条件法）

4 私はヨシキの才能はすごいと思う。

5 私は彼にすぐに返事を出した。

解答欄

1. _____

2. _____

3. _____

4. _____

5. _____

ヒント

メールをチェックする　ouvrir ses mails
メールが来る　recevoir un mail
〜したい　vouloir（条件法）
〜とデートをする　sortir avec 〜
（人の）〜はすごいと思う　admirer + 人 + pour 〜
才能　talent m
すぐに　tout de suite

Chapter 4 文章を作ってみよう（ドリル編）

7. 帰宅後　STEP1　解答例

1. J'ai ouvert mes mails.
2. J'ai reçu un mail de Yoshiki.
3. Il voudrait sortir avec moi samedi soir.
4. J'admire Yoshiki pour son talent.
5. Je lui ai tout de suite répondu.

STEP 1　STEP 2　STEP 3

短文をふくらませてみましょう。

1. 家に戻り、メールをチェックした。（ジェロンディフ）

2. 合コンで出会ったヨシキからメールが来ていた。（関係代名詞）

3. 彼は土曜日の晩に私とデートしたいと言っていた。

4. ヨシキはWebクリエーターで、彼の才能はすごいと思う。（人称代名詞）

5. 私は彼にすぐに、彼にまた会えるのはうれしい、と返事を出した。（間接話法／人称代名詞）

解答欄

1. _____

2. _____

3. _____

4. _____

5. _____

ヒント

家に戻る　**rentrer à la maison**（ジェロンディフ）

出会う　**rencontrer**（大過去）

合コン　**« soirée rencontre en groupe »** f

〜だと言う　**dire que** ＋ 条件法

Web クリエーター　**créateur(trice) de sites web**

私は〜するのはうれしい　**ça me fait plaisir de 〜**

〜にまた会う　**revoir 〜**

7. 帰宅後　STEP 2　解答例

1. En rentrant à la maison, j'ai ouvert mes mails.
2. J'ai reçu un mail de Yoshiki que j'avais rencontré à la « soirée rencontre en groupe ».
3. Il a dit qu'il voudrait sortir avec moi samedi soir.
4. Yoshiki est créateur de sites web et je l'admire pour son talent.
5. Je lui ai tout de suite répondu que ça me ferait plaisir de le revoir.

STEP 1　STEP 2　**STEP 3**

文をつなげて1つにしてみましょう。

　家に戻り、メールをチェックしました。合コンで出会ったヨシキからメールが来ていました。彼は私のことをとても気に入ったので、土曜日の晩に私とデートをしたいと言っていました。ヨシキはすてきなイケメン男子で、Webクリエーターです。彼の才能はすごいと思います。でも、同僚のエリも彼のことをすごく気に入っているので、焼きもちを焼くだろうなぁ。私は彼にすぐに、彼にまた会えるのはうれしく、土曜日の夜はOKだ、と返事を出しました。

解答欄

ヒント

~を…が気に入る　~ plaire à ...
イケメン　beau garçon Ⓜ
すてきな　adorable
同僚　collègue
焼きもちを焼く　être jaloux(se)（近接未来）
~は OK　c'est d'accord pour ~

STEP3 解答例は 205 ページ

8. 土曜日の朝

STEP 1　STEP 2　STEP 3

まずは簡単な文を作ってみましょう。

1　土曜日の朝、私は10時に目が覚めた。

2　シャワーを浴びた。

3　天気がよかった。（非人称構文）

4　洋服を選ぶのにたくさん時間がかかった。

5　これ系の洋服はヨシキ好みだ。

解答欄

1. _____

2. _____

3. _____

4. _____

5. _____

ヒント

目が覚める　**se réveiller**

シャワーを浴びる　**prendre une douche**

〜するのにたくさん時間がかかる　**mettre beaucoup de temps à 〜**

選ぶ　**choisir**

これ系、このタイプの　**ce genre de 〜**

洋服　**vêtements** m pl

〜は…の好みだ　**〜 plaire à …**

8. 土曜日の朝　STEP1　解答例

1. Samedi matin, je me suis réveillée à 10 heures.
2. J'ai pris une douche.
3. Il faisait beau.
4. J'ai mis beaucoup de temps à choisir les vêtements.
5. Ce genre de vêtements plaît à Yoshiki.

STEP 1　STEP 2　STEP 3

短文をふくらませてみましょう。

1. 土曜日の朝、私は寝坊をして、10 時に目が覚めた。

2. シャワーを浴びた。そして、朝食は和食にした。

3. 天気がよかったので、洗濯をし、布団を干した。

4. デートに着ていく洋服を選ぶのにたくさん時間がかかった。（関係代名詞）

5. 何系の洋服がヨシキの好みなのかなぁ。

解答欄

1. _____

2. _____

3. _____

4. _____

5. _____

ヒント

寝坊をする　faire la grasse matinée

そして　ensuite

和食の朝食　petit déjeuner à la japonaise m

～なので（理由）　comme

洗濯をする　faire la lessive

布団を干す　aérer le futon à l'extérieur

～に着ていく　aller mettre pour ～（時制の一致に注意）

デート　rendez-vous m

～かなぁ、～だろうか　Je me demande ～

何系の～　quel genre de ～

～は…の好みかなぁ　～ plaire à ...（条件法）

Chapter 4

文章を作ってみよう（ドリル編）

8. 土曜日の朝　STEP2　解答例

1. Samedi matin, j'ai fait la grasse matinée et je me suis réveillée à 10 heures.
2. J'ai pris une douche. Ensuite j'ai pris un petit déjeuner à la japonaise.
3. Comme il faisait beau, j'ai fait la lessive et j'ai aéré le futon à l'extérieur.
4. J'ai mis beaucoup de temps à choisir les vêtements que j'allais mettre pour le rendez-vous.
5. Je me demande quel genre de vêtements plairait à Yoshiki.

文をつなげて1つにしてみましょう。

　土曜日の朝、私は寝坊をして、10時に目が覚めました。シャワーを浴びて、そして、朝食は、和食にして、ご飯、焼き魚、納豆とみそ汁を食べました。天気がよかったので、洗濯をして、布団を干しました。掃除機をかけて、部屋を片づけました。ヨシキとのデートに着ていく洋服を選ぶのに、すごく時間がかかりました。何系の洋服がヨシキの好みなのかなぁ…。通常、男子はかわいい系のスタイルが好きですからね。

解答欄

ヒント

～で構成された　composé(e) de ～
ご飯1杯　un bol de riz
焼き魚　poisson grillé m
みそ汁　soupe miso f
掃除機をかける　passer l'aspirateur
～を片づける　ranger
～かなぁ、～だろうか　je me demande
通常は　normalement
かわいい系のスタイル　le style « Kawaï (mignon) »

STEP3 解答例は 206 ページ

Chapter 4 文章を作ってみよう（ドリル編）

9. 待ち合わせ

STEP 1

まずは簡単な文を作ってみましょう。

1　美容院に行った。

2　そのカットに、大満足だった。

3　デートの前に少し時間があった。

4　フランソワ・オゾン監督（François Ozon）の最新映画が公開になった。

5　待ち合わせ場所に到着した。

解答欄

1. ___

2. ___

3. ___

4. ___

5. ___

ヒント

美容院に行く　aller chez le coiffeur
〜に満足する　être content(e) de 〜
ヘアーカット　coupe de cheveux ⓕ
〜する時間がある　avoir le temps
〜の前　avant
デート　rendez-vous ⓜ
最新映画　dernier film ⓜ
公開になる、封切られる　sortir
待ち合わせ場所に着く　arriver au rendez-vous

Chapter 4 文章を作ってみよう（ドリル編）

9. 待ち合わせ　STEP1　解答例

1　Je suis allée chez le coiffeur.
2　J'étais très contente de la coupe de cheveux.
3　J'avais un peu de temps avant le rendez-vous.
4　Le dernier film de François Ozon est sorti.
5　Je suis arrivée au rendez-vous.

短文をふくらませてみましょう。

1　カットをしに美容院へ行った。

2　美容師がしてくれたカットに大満足だった。（関係代名詞）

3　少し時間があったので、映画の時間を調べた。

4　フランソワ・オゾン監督の最新映画が、すでに公開になっていたのを知らなかった。（時制の一致）

5　私が待ち合わせ場所に着いたとき、ヨシキは髪を直しているところだった。

解答欄

1.

2.

3.

4.

5.

ヒント

カットをする（してもらう）　se faire couper les cheveux
〜する　faire
〜なので（理由）　comme
調べる　consulter
映画の時間　les horaires du cinéma
知る　savoir
公開になる、封切られる　sortir（大過去）
〜しているところ　être en train de ＋ 不定詞
髪を直す　se coiffer

9. 待ち合わせ　STEP 2　解答例

1. Je suis allée chez le coiffeur me faire couper les cheveux.
2. J'étais très contente de la coupe de cheveux que le coiffeur m'a faite.
3. Comme j'avais un peu de temps, j'ai consulté les horaires du cinéma.
4. Je ne savais pas que le dernier film de François Ozon était déjà sorti.
5. Quand je suis arrivée au rendez-vous, Yoshiki était en train de se coiffer.

STEP 1　**STEP 2**　**STEP 3**

文をつなげて1つにしてみましょう。

　　デートの前に、私はカットをしに美容院へ行きました。私は美容師（彼）がしてくれたカットに大満足でした。だって、より若く見えますからね。ヨシキに会うのが本当に楽しみだなぁ。私は少し時間があったので、映画の時間をスマートフォンで調べておきました。フランソワ・オゾン監督の最新映画が、すでに公開になっていたなんて知りませんでした。私が待ち合わせ場所に着いたとき、ヨシキは髪を直しているところでした。かわいいなぁ！

解答欄

ヒント

だって、なぜなら　**car**

若く見える　**paraître jeune**

〜が楽しみだなぁ、わくわくしている　**avoir hâte de** ＋ 不定詞

〜に会う、再会する　**revoir**

私のスマートフォンで　**sur mon Smartphone**

なんと〜、すごく〜　**Comme 〜！**（感嘆文）

かわいい　**mignon**

STEP3 解答例は 206 ページ

10. デート

STEP 1

まずは簡単な文を作ってみましょう。

1　私たちは映画を見に行った。

2　ヨシキはストーリーに感動した。

3　本当に素晴らしい映画だった。

4　私たちはレストランで夕食を食べた。

5　彼は私にまた会いたいと言った。

解答欄

1. _____

2. _____

3. _____

4. _____

5. _____

ヒント

映画を見に行く　aller voir un film

〜に感動する　être touché(e) par 〜

ストーリー　histoire (f)

〜だった　c'était 〜

素晴らしい　magnifique

レストランで夕食を食べる　dîner au restaurant

〜に…と言う　dire à 〜 que ...

〜したい　vouloir（条件法）

また会う　revoir

10. デート　STEP1　解答例

1. Nous sommes allés voir un film.
2. Yoshiki a été touché par l'histoire.
3. C'était vraiment un film magnifique.
4. Nous avons dîné au restaurant.
5. Il m'a dit qu'il voudrait me revoir.

STEP 1　STEP 2　STEP 3

短文をふくらませてみましょう。

1. 私たちは映画を見に行き、私は（その映画の）演出がとても気に入った。（関係代名詞）

2. ヨシキはストーリーのロマンチックなところにとても感動した。

3. 本当に素晴らしい映画だったから、友達に（それを）おすすめしないとね。（人称代名詞）

4. 私たちはレストランで夕食をとり、そして2時間以上も話した。

5. 別れ際に、彼は私に本当にまた会いたいと言った。

解答欄

1. _____

2. _____

3. _____

4. _____

5. _____

ヒント

とても気に入る、大好き　**adorer**

演出　**mise en scène** (f)

〜のロマンチックなところ　**le romantisme de 〜**

〜しないとね　**il faudra que** ＋ 接続法

〜をすすめる　**recommander**

〜以上もの間　**pendant plus de 〜**

〜のときに　**au moment de 〜**

別れる　**se séparer**

Chapter 4　文章を作ってみよう（ドリル編）

10. デート　STEP2 解答例

1　Nous sommes allés voir un film dont j'ai adoré la mise en scène.
2　Yoshiki a été très touché par le romantisme de l'histoire.
3　C'était vraiment un film magnifique, il faudra que je le recommande à mes amis.
4　Nous avons dîné au restaurant et nous avons parlé pendant plus de 2 heures.
5　Au moment de nous séparer, il m'a dit qu'il voudrait vraiment me revoir.

文をつなげて1つにしてみましょう。

　私たちは映画を見に行きました。私は演出が気に入り、ヨシキはストーリーのロマンチックなところにとても感動しました。本当に素晴らしい映画だったから、友達におすすめしないとね。その後、私たちはレストランで夕食をとり、（それに）気づかないうちに2時間以上も話していました。別れ際に、彼は私に本当にまた会いたいと言い、キスをしてくれました。忘れられない夕べでした！（過ごした）

解答欄

Chapter 4 文章を作ってみよう（ドリル編）

ヒント

彼のほうは、彼はというと　de son côté

その後　après

〜に気づかないうちに　sans se rendre compte de 〜（「それに」を中性代名詞で）

〜にキスをする　embrasser + 人（直接目的語）

〜を過ごす　passer 〜

忘れられない　inoubliable

STEP3 解答例は 207 ページ

STEP 3 解答例

1. 朝

Hier soir, il y a eu une « soirée rencontre en groupe ». J'ai passé une soirée très agréable, je me suis bien amusée, mais j'ai trop bu. Je suis rentrée à la maison après minuit. J'étais tellement ivre que j'avais complètement oublié de mettre mon réveil. Alors, ce matin, je me suis réveillée 30 minutes plus tard que d'habitude. J'avais la gueule de bois et je n'avais pas tellement d'appétit, donc j'ai pris seulement un café.

2. 出勤

Je me suis rapidement préparée, et j'ai couru à toute vitesse pour attraper mon train. Mais quand je suis arrivée à la gare, la circulation des trains était suspendue à cause d'un accident de voyageur. Alors, j'ai téléphoné à mon bureau pour prévenir de mon retard. Comme j'avais une présentation à faire ce matin à 10 heures, je voulais absolument arriver avant la réunion. Ça m'embêtait quand même d'arriver en retard à la réunion.

3. 会社で

Heureusement, ça n'a pris qu'une demi-heure pour que la circulation des trains reprenne. Quand je suis arrivée au bureau, la réunion était sur le point de commencer. J'ai copié rapidement mon document PowerPoint sur la clé USB et je me suis précipitée à la salle de réunion. J'ai eu le trac quand j'ai fait l'exposé mais ma présentation sur le nouveau projet s'est très bien passée. Mon supérieur l'a trouvé très intéressant et il avait l'air satisfait. J'étais soulagée.

4. ランチ

Suite à la réunion, j'ai répondu à des mails de clients. Après avoir fini, il était déjà midi. J'avais faim ! Pour le déjeuner, je suis allée au restaurant français avec Eri puisque c'était le jour de paye ! Ça coûtait un peu cher mais la cuisine était exquise. J'étais très contente de ce restaurant et je compte bien y retourner.

> 5. 休暇をとる

Dans l'après-midi, comme mon supérieur était de bonne humeur, j'en ai profité pour lui demander deux semaines de congés. Il était très étonné de ma demande pour des congés aussi longs. J'espère qu'il va l'accepter. En effet, J'ai l'intention de suivre deux semaines de cours intensifs de français dans une école de langue à Paris. J'aimerais arriver à bien m'exprimer en français. Ce qui est important, c'est de me mettre dans le bain pour bien connaître la langue. J'en ai besoin pour négocier avec les clients français.

> 6. 仕事帰り

J'ai terminé le travail à 6 heures 30. J'aurais voulu travailler un peu plus, mais j'étais épuisée. À la sortie du bureau, je suis passée au distributeur pour retirer de l'argent. Comme c'était vendredi, il y avait une longue queue devant. Ensuite, je suis allée au grand magasin pour acheter des plats cuisinés. Ça m'ennuyait de faire la cuisine le vendredi soir, et puis je ne suis pas bonne en cuisine. C'est très intéressant de passer au rayon alimentaire à cette heure-ci, car 30 minutes avant la fermeture la plupart des produits sont à moitié prix.

7. 帰宅後

En rentrant à la maison, j'ai ouvert mes mails. J'ai reçu un mail de Yoshiki que j'avais rencontré à la « soirée rencontre en groupe ». Il a dit que je lui plaisais beaucoup et qu'il voudrait sortir avec moi samedi soir. Yoshiki est un beau garçon adorable qui est créateur de sites web. Je l'admire pour son talent, mais ma collègue Eri va être jalouse car il lui plaît beaucoup aussi. Je lui ai tout de suite répondu que ça me ferait plaisir de le revoir et que c'était d'accord pour samedi soir.

8. 土曜日の朝

Samedi matin, j'ai fait la grasse matinée et je me suis réveillée à 10 heures. J'ai pris une douche. Ensuite j'ai pris un petit déjeuner à la japonaise, composé d'un bol de riz, d'un poisson grillé, de Natto et d'une soupe miso. Comme il faisait beau, j'ai fait la lessive et j'ai aéré le futon à l'extérieur. J'ai passé l'aspirateur et rangé la chambre. J'ai mis beaucoup de temps à choisir les vêtements que j'allais mettre pour le rendez-vous avec Yoshiki. Je me demande quel genre de vêtements plairait à Yoshiki. Normalement, les garçons aiment beaucoup le style « Kawaï (mignon) ».

9. 待ち合わせ

Avant le rendez-vous, je suis allée chez le coiffeur me faire couper les cheveux. J'étais très contente de la coupe qu'il m'a faite car je parais plus jeune. J'ai vraiment hâte de revoir Yoshiki. Comme j'avais un peu de temps, j'ai consulté les horaires du cinéma sur mon Smartphone. Je ne savais pas que le dernier film de François Ozon était déjà sorti. Quand je suis arrivée au rendez-vous, Yoshiki était en train de se coiffer. Comme il est mignon !

10. デート

Nous sommes allés voir un film dont j'ai adoré la mise en scène. Yoshiki, de son côté, a été très touché par le romantisme de l'histoire. C'était vraiment un film magnifique, il faudra que je le recommande à mes amis. Après, nous avons dîné au restaurant et, sans nous en rendre compte, nous avons parlé pendant plus de deux heures. Au moment de nous séparer, il m'a dit qu'il voudrait vraiment me revoir et m'a embrassée. J'ai passé une soirée inoubliable !

■著者プロフィール
栢木利恵（かやき・りえ）
フランス語講師、通訳、翻訳。
在日フランス大使館勤務後、フランスに渡り、FLE（外国語としてのフランス語）教授資格を取得。
日本人の苦手なポイントをおさえ、生徒に合った話す力を養うレッスンに定評がある。政府機関などでの語学研修や CM のフランス語発音指導も行っている。
フランス語学習・情報サイト「フランスネット」主宰。
http://www.france-jp.net

執筆協力
Eric Banquier／Anne-Marie Campanals／Brigitte Lefèvre／人見有羽子

どんどん話せるフランス語　作文トレーニング

2015 年 8 月 20 日　第 1 刷発行
2022 年 10 月 20 日　第 4 刷発行

著　者　　栢木利恵
発行者　　前田俊秀
発行所　　株式会社 三修社
　　　　　〒150-0001　東京都渋谷区神宮前 2-2-22
　　　　　TEL03-3405-4511　FAX03-3405-4522
　　　　　http://www.sanshusha.co.jp
　　　　　振替 00190-9-72758
　　　　　編集担当　伊吹和真
印　刷　　株式会社平文社

©Rie Kayaki 2015 Printed in Japan
ISBN978-4-384-05792-8 C1085

JCOPY 〈出版者著作権管理機構 委託出版物〉
本書の無断複製は著作権法上での例外を除き禁じられています。複製される場合は、そのつど事前に、出版者著作権管理機構（電話 03-5244-5088 FAX 03-5244-5089 e-mail: info@jcopy.or.jp）の許諾を得てください。

デザイン：櫻井ミチ／組版：エヌ・オフィス